《宁夏创新驱动战略研究》
编委会

宁夏智库丛书

STUDY ON
INNOVATION DRIVEN
DEVELOPMENT STRATEGY
OF NINGXIA

宁夏创新驱动战略研究

宁夏社会科学院 编

黄河出版传媒集团
宁夏人民出版社

图书在版编目(CIP)数据

宁夏创新驱动战略研究 / 宁夏社会科学院编. — 银川：宁夏人民出版社，2017.12

(宁夏智库丛书)

ISBN 978-7-227-06852-5

Ⅰ.①宁… Ⅱ.①宁… Ⅲ.①区域经济发展—研究—宁夏 Ⅳ.①F127.43

中国版本图书馆 CIP 数据核字(2017)第 330398 号

宁夏智库丛书

宁夏创新驱动战略研究 宁夏社会科学院 编

责任编辑 陈 浪
责任校对 李彦斌
封面设计 张 宁
责任印制 肖 艳

黄河出版传媒集团
宁 夏 人 民 出 版 社 出版发行

出 版 人 王杨宝
地 址 宁夏银川市北京东路 139 号出版大厦(750001)
网 址 http://www.nxpph.com http://www.yrpubm.com
网上书店 http://shop126547358.taobao.com http://www.hh-book.com
电子信箱 nxrmcbs@126.com renminshe@yrpubm.com
邮购电话 0951-5019391 5052104
经 销 全国新华书店
印刷装订 宁夏精捷彩色印务有限公司
印刷委托书号 (宁)0008211

开本 787 mm × 1092 mm 1/16
印张 14 字数 191 千字
版次 2018 年 1 月第 1 版
印次 2018 年 1 月第 1 次印刷
书号 ISBN 978-7-227-06852-5
定价 43.00 元

总　论

张　廉

党的十九大作出了中国特色社会主义进入新时代的重大判断。新时代，标明我国发展新的历史方位。新时代，带来发展新要求、新课题，赋予我们更加艰巨的历史使命。同时，新时代要求我们必须焕发新状态，勇于担当作为，不断创造新业绩，交出发展新答卷，开启发展新征程。

习近平总书记视察宁夏时发出“走好新的长征路”和“社会主义是干出来的”号召，自治区第十二次党代会明确提出努力“实现经济繁荣、民族团结、环境优美、人民富裕，与全国同步建成全面小康社会”的奋斗目标，这既是学习贯彻习近平总书记来宁视察重要讲话精神的具体体现，也是宁夏各族人民的共同意愿。实现新的奋斗目标，必须大力实施“三大战略”，提升发展层次和水平；努力做到“五个扎实推进”，推进全面协调发展；始终保持“振奋精神、实干兴宁”的精神状态和责任担当。以等不起的危机感、慢不得的紧迫感、坐不住的责任感，拿出人一之我十之、人十之我百之的干劲和抓铁有痕、踏石留印的劲头，干在实处、干出实效、干出实绩，确保圆满完成自治区第十二次党代会确定的各项目标任务。

*大力实施“三大战略”，提升发展层次和水平。*党代会报告提出的实施创新驱动战略、脱贫富民战略、生态立区战略，是破解宁夏发展难题、

全面建成小康社会的发力点和突破口，对全局工作具有牵一发而动全身的作用，要把“三大战略”作为一个有机统一的整体，系统把握、统筹推进。

党的十九大报告将创新驱动发展战略确定为我国未来发展的七大战略之一，对宁夏具有很强的针对性和指导性。我们要充分认识欠发达地区创新驱动发展的重要性和紧迫性，按照十九大的部署要求，把实施创新驱动战略作为“三大战略”的第一大战略，把宁夏发展的基点放在创新上，紧紧牵住科技创新这个“牛鼻子”，着力形成以创新为引领的经济体系和发展方式。坚持用创新的思维抓创新，推进思路创新、政策创新、机制创新、环境创新，打造风生水起的创新生态，坚定不移走开放创新之路、特色创新之路，通过创新资源、创新成果合作共享、创新成果转化等方式，不断提升宁夏创新发展水平，“让宁夏成为创新发展新路的探索者，让创新成为宁夏发展最鲜明的时代特征”。

“人民对美好生活的向往，就是我们的奋斗目标。”党的十九大报告指出：“为什么人的问题，是检验一个政党、一个政权性质的试金石。”“必须始终把人民利益摆在至高无上的地位，让改革发展成果更多更公平惠及全体人民，朝着实现全体人民共同富裕不断迈进。”我们发展的最终目的是造福人民，全面建成小康社会最直接的体现是人民富裕。全面小康，是惠及全体人民的小康，是要让人民群众过上更加殷实的生活，享受公平充足的公共服务供给、更可靠的社会保障。自治区第十二次党代会报告明确提出，要“大力实施脱贫富民战略，增强人民群众的获得感和幸福感”。这充分体现了自治区党委贯彻以人民为中心的发展思想，把增进人民福祉、实现人民幸福作为发展的出发点和落脚点的决心。实施脱贫富民战略，这是今后五年我们工作的价值取向和工作导向。要坚决打赢脱贫攻坚战，实施富民工程，加快推进公共服务均等化，实实在在提高人民群众的富裕程度和生活质量，让经济发展成果更多转化为富民成果。

党的十九大报告指出：“人与自然是生命共同体，人类必须尊重自然、顺应自然、保护自然。”宁夏生态环境依然脆弱，资源环境约束趋紧，环境保护任务艰巨。实施生态立区战略，必须深入推进绿色发展，牢固树立绿色发展理念，像保护眼睛一样保护生态环境，像对待生命一样对待生态环境，坚决摒弃损害甚至破坏生态环境的发展模式，坚决摒弃以牺牲生态环境换取一时一地经济增长的做法。把山水林田湖草作为一个生命共同体，统筹实施一体化生态保护和修复，全面提升自然生态系统稳定性和生态服务功能。打造沿黄生态经济带，构筑西北生态安全屏障，铁腕整治环境污染，完善生态文明制度体系，承担起维护西北乃至全国生态安全的重要使命，让宁夏的天更蓝、地更绿、水更美、空气更清新。

努力做到“五个扎实推进”，推进全面协调发展。党代会报告提出的“五个扎实推进”，是实现与全国同步建成全面小康社会奋斗目标的重要任务和重要支撑。

要扎实推进民主法治建设，加快依法治区进程，在创新社会治理、加强平安宁夏建设上下功夫，“让法治成为宁夏未来发展核心竞争力的重要标志”。全面推进依法治区，建设法治宁夏是充分发挥法治引领、规范和保障作用，推动宁夏各项事业发展的必然要求。实践证明，法治的完善不仅是一个区域获得稳步发展的有效保障和必要手段，更是区域整体发展必不可少的组成部分和竞争力之来源。法治宁夏的建设必将使法治真正进入千家万户，内化于民众的日常生活，使人们尊崇法治、人人依循规则、个个讲究诚信成为一种行为习惯、一种素质养成、一种文化氛围，让法治思维和法治方式成为宁夏人生活方式的重要内容。

要扎实推进民族宗教工作，始终高举民族团结旗帜，坚定不移走中国特色解决民族问题的正确道路，坚持民族区域自治制度，巩固和发展民族团结的大好局面；深入开展民族团结进步宣传教育，继承和发扬民族团结优秀历史文化传统，唱响“中华民族一家亲、同心共筑中国梦”的时代主旋律，积极培育中华民族共同体意识，使“三个离不开”“五个认同”思想深深扎根于各族群众心中；积极促进各民族交往交流交融，广泛建立相互嵌入式的社会结构和社区环境，创造各族群众共居、共学、共事、共乐的良好氛围；深化民族团结进步创建活动，打造全国民族团结进步示范区，让民族团结之花开遍宁夏大地，推动民族团结及宗教工作走在全国前列，让民族团结、宗教和顺的名片更加亮丽。

要扎实推进文化繁荣发展，构筑共有精神家园。“文化是民族的血脉，是凝聚人心的精神纽带。”要坚定文化自信、增强文化自觉、促进文化繁荣发展。深入开展中国特色社会主义和中国梦宣传教育，大力弘扬民族精神和时代精神，用社会主义核心价值观引领社会思潮、凝聚社会共识。要牢牢把握正确的政治方向、舆论导向和价值取向，弘扬主旋律、传播正能量，及时解疑释惑、疏导情绪、增进共识，讲好宁夏故事、传播宁夏声音、展示宁夏形象。深入推进文化惠民工程，加快基层公共文化服务体系标准化、均等化建设。大力推进文艺创作，激发文化发展活力，创作和生产更多关注国家命运、反映人民心声、书写时代精神、满足人民群众多层次文化需求的文艺精品。

要扎实推进改革开放，推进全面深化改革取得新突破，推进全方位多层次对外开放，增强发展动力、激发发展活力。要紧密结合宁夏实际，以国家赋予的各项改革试点任务为引领，推动重点领域和关键环节各项改革取得更多实质性成效；以经济体制改革为重点，处理好政府与市场的关系，用行政权力的减法换取市场活力的加法；大力推进“放管服”改革，大力推广“互联网+政务”。要主动融入和服务国家发展战略，积极参与“一带一路”建设，构建对外开放新格局。充分发挥中阿博览会的平台作用，用好内陆开放型经济试验区先行先试的政策优势，走出去和引进来相结合，大胆试验、大胆探索，全面提升开放水平，努力打造更具活力的体制机制，拓展更加广阔的发展空间。

要扎实推进全面从严治党，自觉担当起全面从严治党的政治责任。党的十九大报告指出："中国特色社会主义进入新时代，我们党一定要有新气象新作为。打铁必须自身硬。党要团结带领人民进行伟大斗争、推进伟大事业、实现伟大梦想，必须毫不动摇坚持和完善党的领导，毫不动摇把党建设得更加坚强有力。"全区各级党组织要按照党的十九大和习近平总书记视察宁夏时提出的"着力巩固和发展党的执政基础"的要求，按照自治区党委的部署，在"五个提高水平"上狠下功夫。要提高思想政治建设水平，加强理想信念教育，加强理论武装，加强意识形态工作，加强党内政治文化建设；提高党内政治生活水平，严格执行民主集中制，严格党的组织生活，加强党内法规制度建设，严格党内监督；提高各级领导班子和领导干部的素质及能力，树立正确用人导向，选优配强各级领导班子，强化干部教育管理；提高基层党组织建设水平，加强组织建设、基层保障、党员管理；认真履行"两个责任"，把党风廉政建设和反腐败斗争引向深入。着力营造风清气正的政治生态，为全面建成小康社会提供坚强保证。

*始终保持"振奋精神、实干兴宁"的精神状态和责任担当。*精神状态是境界、能力、作风、素质和责任的综合体现，只有保持良好的精神状态，才能形成攻坚克难、战胜困难的力量源泉和精神动力，才能在困难和挑战面前，主动进取，奋力拼搏，这也是新时代对我们的基本要求。

振奋精神、实干兴宁，必须坚定信心、持之以恒。在实现新的奋斗目标的进程中，不可能一蹴而就、一帆风顺，必然会碰到各种困难和挑战，这就要求我们必须坚定信心、下定决心、保持恒心，以更大的政治勇气和智慧、更有力的措施和办法，全力攻坚克难，在克服困难中赢得主动，在解决矛盾中实现转机。要紧紧围绕既定目标，一刻也不懈怠、一刻也不停顿、一刻也不放松，脚踏实地、真抓实干，切实把责任记在心头、把担子扛在肩上、把工作抓在手上。在干事创业中始终保持一种咬定青山不放松、不达目的不罢休的劲头。要不断强化自治区党委、政府决策部署的执行力和落实力，切实强化"一盘棋"的大局意识，把本单位、本部门、本系统、本行业的工作放在自治区经济社会发展的大局中来认识、来把握、来部署、来落实。用豪情和毅力促进发展，用行动和实干实现理想。

振奋精神、实干兴宁，必须真抓实干、担当尽责。振奋精神、实干兴宁，始于作风，源于担当，贵在尽责，重在落实。实现新的奋斗目标，必须苦干实干加巧干。“苦干”意味着要“苦”字当头，不畏艰难，也意味着要下更大的决心和付出更多的努力。作为一种精神状态，苦干必须始终保持知难而进、迎难而上、锲而不舍的韧劲，保持顽强拼搏、勇往直前、奋发图强的拼劲，敢于硬碰硬，敢于啃硬骨头，在攻坚克难中不断破解改革中的难题、闯出发展的新路。“实干”是工作态度的反映，实干必须脚踏实地、心无旁骛地把心思集中在想干事上，把责任体现在敢干事上，把才气展现在会干事上，把目标落实到干成事上。注重一切从实际出发，察实情、讲实话、办实事、求实效，以扎实过硬的作风，确保各项目标任务落到实处，取得实绩。“巧干”是工作能力的具体体现，巧干就是要求我们办事不盲从、不机械，坚持统筹兼顾，深谋远虑，在自觉按客观规律办事的基础上，用新眼光观察问题，从新角度提出问题，用新思路分析问题，用新方法解决问题。要通过苦干实干加巧干，扎扎实实作出增强竞争力的大事、增进百姓福祉的业绩，确保自治区第十二次党代会确定的目标任务落到实处。

振奋精神、实干兴宁，必须奋发有为、满怀激情。宁夏要与全国同步建成全面小康社会，靠的是综合实力，赢的是精神状态。习近平总书记视察宁夏时强调：“推进中国特色社会主义事业的新长征要持续接力、长期进行，我们每代人都要走好自己的长征路。”当前，新一轮科技革命、产业变革和我国加快转变经济发展方式、全面推进“一带一路”建设为宁夏发展带来了新的历史性机遇，同时也面临着在创新发展大潮中与东部发达地区发展差距进一步拉大的严峻挑战，面临着发展不足与生态脆弱的双重压力，面临着扩大总量与提升质量的双重任务，面临着培育竞争优势与补齐发展短板的双重难题。这就要求我们必须始终保持奋发有为的干事激情，大力弘扬“不到长城非好汉”的精神，走好新的长征路，不管前进的路途有多少艰难险阻，都要敢于闯关夺隘、攻城拔寨，敢于排除万难、夺取胜利，以“革命理想高于天”的执着追求和“红军不怕远征难，万水千山只等闲”的豪情壮志，牢牢把握发展主动权，在新的历史起点上奋力前行。

新的目标鼓舞人心、新的起点前景广阔、新的征程催人奋进，我们要不忘初心，牢记使命，以更加奋发有为的精神状态、扎实干事的过硬作风、勇于担当的时代责任，认真贯彻落实党的十九大精神和自治区第十二次党代会精神，在实现经济繁荣、民族团结、环境优美、人民富裕，与全国同步建成全面小康社会的目标中，续写新的篇章，创造新的辉煌。

（作者系宁夏社会科学院院长）

目 录

宁夏创新驱动战略若干深层次问题研究

段庆林

党的十九大报告提出创新是引领发展的第一动力，是建设现代化经济体系的战略支撑，必须加快建设创新型国家，实现社会主义现代化强国目标。自治区第十二次党代会提出大力实施创新驱动战略，认为“宁夏的发展不足，从深层次看，主要是创新不足”。要把创新作为驱动发展的新引擎，要让创新成为宁夏未来发展的核心竞争力，成为宁夏发展最鲜明的时代特征。对创新驱动的强调可以说达到了前所未有的高度。本文对我国实施创新驱动发展的背景、国外创新驱动发展的经验，以及宁夏实施创新驱动战略的一些深层次问题进行了研究。

一、宁夏实施创新驱动战略背景分析

（一）创新驱动战略概念及背景

2017 年 10 月中共中央、国务院印发《国家创新驱动发展战略纲要》中指出，创新驱动就是创新成为引领发展的第一动力，科技创新与制度创新、管理创新、商业模式创新、业态创新和文化创新相结合，推动发

作者简介：段庆林，宁夏社会科学院副院长，研究员。主要研究方向为“一带一路”与内陆开放型经济、西北区域经济、中国农村经济、宁夏经济社会重大发展战略研究等。

展方式向依靠持续的知识积累、技术进步和劳动力素质提升转变，促进经济向形态更高级、分工更精细、结构更合理的阶段演进。

随着全球新一轮科技革命、产业变革和军事变革加速演进，创新驱动成为许多国家谋求竞争优势的核心战略（见表 1）。世界管理学大师迈克尔.波特认为：一个国家竞争力发展过程大致可划分为四个依次递进的阶段：生产要素驱动发展阶段、投资驱动发展阶段、创新驱动发展阶段、财

表 1　世界主要国家创新驱动发展的演进历程

	20 世纪 50 年代	20 世纪 60 年代	20 世纪 70 年代	20 世纪 80 年代	20 世纪 90 年代	21 世纪	
美国		市场万能机制	创新政策重大转折	制度创新	国家创新体系建设	创新美国战略	
英国			科技园诞生	产学研制度创新	科学预见计划	2004 年新世纪 10 年发展规划	2009 年后危机时代以创新应对重大挑战
日本	模仿追赶	模仿创新	技术追赶	集成创新与二次创新	科技创新立国	科学技术创新李果战略体系	
韩国		科学技术发展启动阶段	调整科技发展战略	科技立国战略逐步形成	强化核心领域技术创新与突破	面向未来的科技战略与政策	
芬兰	战后经济重建		集约型经济战略	基础性制度变革与创新	建设国家创新体系	创新型国家全面转型	
中国			1978 年提出 20 世纪实现四个现代化	1982 年实施科技攻关计划	1991 年设立国家高新技术产业开发区,1992年实施攀登计划	2006 年提出 2020 年建成创新型国家	2016 年提出 2035 年跻身创新型国家前列、2050 年建成世界科技创新强国

资料来源：根据陈强等著《创新驱动发展国际比较研究》整理，同济大学出版社，2015 年。

富驱动发展阶段[①]。也有学者按国际竞争力划分为要素驱动型经济、效率驱动型经济、创新驱动型经济三种类型。经济发展一般面临要素报酬递减和稀缺资源的瓶颈问题。创新具有两大功能，一是通过不断提高综合要素生产率来抵消要素报酬递减趋势，二是通过生产要素的新组合来突破经济发展中稀缺要素短缺瓶颈。

改革开放以来中国科技政策已经与即将经历：体制恢复重建与改革期（1978—1985 年）、竞争与市场主导期（1985—2006 年）、创新型国家建设期（2006—2020 年）、建设世界科技创新强国时期（2020—2050 年）。党的十八大提出实施创新驱动发展战略，强调必须把科技创新摆在国家发展全局的核心位置。2015 年 10 月，十八届五次全会强调必须牢固树立并切实贯彻创新、协调、绿色、开放、共享的发展理念。2016 年、2017 年中共中央、国务院两次印发了《国家创新驱动发展战略纲要》，提出建设世界科技创新强国目标。自 2006 年中央提出建设创新型国家以来，创新驱动战略目前已经进入全面建设现代化国家的新阶段。

改革开放以来，我国已经陆续启动实施了创新发展的工程。2009 年以来，国务院已经批准了中关村等 24 个国家自主创新示范区，2008 年以来国务院批准了深圳等 57 个创新型城市试点，2015 年中央全面深化改革领导小组第十二次会议审议通过了《关于在部分区域系统推进全面创新改革试验的总体方案》，紧扣创新驱动发展目标，以推动科技创新为核心，以破除体制机制障碍为主攻方向，开展系统性、整体性、协同性改革的先行先试，为建设创新型国家提供强有力支撑。宁夏沿黄科技创新改革试验区，也是实施创新驱动战略的部署。

（二）经济增长引擎变化：从开放引领到创新驱动

我国从 1978 年改革开放以后，开放始终是引领发展的重要因素。特

①［美］迈克尔·波特：《国家竞争优势》，华夏出版社，2002 年。

别是2001年加入WTO以后，出口带动了中国经济高速增长。然而，随着2008年美国开始出现经济危机，然后向欧洲及世界蔓延，中国以欧美市场为主的外向型经济最终也难以独善其身，出口对中国经济增长的贡献大幅度下降。随着中国进入经济新常态，市场有效需求不足，必须通过创新提高核心竞争力，创新驱动成为发展的新引擎。无论是中央还是地方政府，都呈现出从前些年注重开放引领到近几年注重创新驱动的政策变化。宁夏发展战略重点的调整，具有深刻的国际国内背景及其现实意义。

一是注重创新驱动是应对国际经济危机的需要，是经济新常态形势下转换增长动能的必然选择。这次世界经济危机的重要特征是出现“逆全球化”趋势。中国提出“一带一路”愿景试图开辟新兴市场。虽然宁夏2017年上半年出口复苏，但未来国际经济形势不确定性因素增加，应该适当降低对开放引领特别是出口贸易对经济拉动作用的预期。在“逆全球化”背景下，要更加注重从开放引领到创新驱动的动力转换。

二是注重创新驱动是供给侧结构性改革体现，是提升区域核心竞争力的重要举措。我国长期实行以经济建设为中心的国策，随着经济高速发展，也出现了一些问题。如以征地和强拆为代表的社会问题，以空气和水污染为代表的生态环境问题。党的十八大提出“五位一体”总体布局，2015年十八届五中全会提出必须牢固树立并切实贯彻创新、协调、绿色、开放、共享的发展理念。特别是在国际贸易环境日益恶化之际，提出把创新作为首要的发展理念。我国经济已经进入新常态，宏观经济政策从注重需求端管理到注重供给侧结构性改革，注重创新驱动是我国更加注重中长期增长问题的体现。

（三）创新是引领发展的第一动力：从后发优势到先发优势

改革开放以来，我国采取“后发优势”战略，通过引进、模仿、学习和利用先发国家的先进技术，通过吸收外商直接投资，在“干中学”，造就了“中国奇迹”。目前中国经济已经成为世界第二大经济体，必须实现

“蛙跳”，实施产业“先发优势”战略，加强自主创新，使主导产业和关键产业实现技术赶超，逐步从技术“跟跑者”向“并行者”“领跑者“转变。中央已经确立到2020年建成创新型国家，特别是“两步走”实现社会主义现代化强国的宏伟目标。实施创新驱动战略，对未来宁夏发展具有非常重要的指导意义。

一是注重创新驱动是防止中等收入陷阱的需要，是推进产业转型升级的根本途径。“中等收入陷阱”发生的原因主要就是低端制造业转型失败，既无法在工资方面与低收入国家竞争，又无法在尖端技术研制方面与富裕国家竞争。未来赢得发展主动必须依靠创新驱动。从供给侧看，劳动力、土地、资本、技术等要素，宁夏没有绝对优势。劳动力结构性短缺且成本普遍上升，投资效益逐年降低，技术创新更是我们的短板。中国经济的低端制造业优势正在丧失，而短期内又难以向高端制造业成功转型，要警惕陷入“中等收入陷阱”。宁夏发展不足，主要是创新不足，传统产业优势迅速降低，而产业转型升级却进展缓慢。必须着力形成以创新为引领的现代化经济体系和发展方式。

二是注重创新驱动是建设创新型国家的战略支撑，是宁夏实现现代化目标的第一动力。党的十九大报告中，习近平总书记提出“两步走”发展目标，即2035年基本实现社会主义现代化，到本世纪中叶把我国建成富强民主文明和谐美丽的社会主义现代化强国。并指出创新是引领发展的第一动力，是建设现代化经济体系的战略支撑，必须加快建设创新型国家。我国自2006年提出建设创新型国家，2016年全国科技创新大会上又提出2020年建成创新型国家，到新中国成立100年时使我国成为世界科技强国，更加注重自主创新。宁夏自主创新能力较弱，产业转型升级任务艰巨，必须实施创新驱动战略，核心是提高科技进步对经济增长的贡献率，以有效投资解决科技和经济“两张皮”问题，真正建立企业作为产业技术研发创新的主体。

注重创新驱动战略并非忽视改革开放特别是开放引领的作用。中国将继续坚持改革开放不动摇，推动形成全面开放新格局。更加注重引进来与走出去并重，大力吸纳具有较高技术含量的外商直接投资，注重引进高新技术及其设备，为追赶世界新产业革命步伐、加快产业转型升级提供技术支撑。

二、国际创新驱动政策及其对宁夏的启示

目前世界分工体系中，美国占据信息技术顶端，英国具有金融优势，德国、日本、韩国等国家以中高端制造业为主，中国则以中低端制造业为主。宁夏经济以煤电化等资本密集型，以及资源密集型、劳动密集型产业为主，高新技术产业微乎其微。我们应该如何认识创新驱动战略。创新驱动战略，必须是经济发展到一定阶段的现实需要，是采取技术追赶战略还是自主创新战略，是政府主导还是市场主导，是发挥后发优势还是形成先发优势，都必须与区情实际紧密结合。

（一）技术创新战略：从技术引进战略到自主创新战略演进

实施创新驱动发展战略，必须有坚实的工业化基础。发达国家的经验是一般经济已经进入工业化后期阶段，形成技术优势，并能严格控制知识产权和技术标准，基本实现了传统产业的转型升级，且科技贡献率达到70%以上，R&D 投入占 GDP 的 2%以上。中国现在处于工业化向后工业化过渡阶段，从整体来说已经具备了建设创新型国家的实力和基础，党的十九大提出 2020 年建成创新型国家，新世纪中叶建成现代化强国的目标。宁夏川区处于工业化中期、南部山区处于工业化初期，自主创新能力较弱的前提下，如何突出创新驱动战略的政策侧重点就显得非常关键。

在以发达国家为主宰的国际经济体系中，发达国家是最终定价者，中国制造业在价格一定的约束下，只能通过降低成本来寻求微薄的利润空间，实际上薄利多销理念不利于中国资源节约型社会和环境友好型社会建

设，具有不可持续性。目前人力、资源、环境等成本越来越高，在成本约束下，随着我国自主创新能力逐步提高，今后只有通过创新确立产品定价权，才能寻求超额利润。从要素驱动型经济（资源消耗、投资拉动）、效率驱动型经济（规模效应、产业集群、工业园区等）向创新驱动型经济转变过程中，供给侧结构性改革是主线，知识产权保护与激励政策非常关键。创新驱动发展是大势所趋，留给技术模仿的机会和时间有限。如果说“让一部分人先富起来”，改革开放初期主要是鼓励善于经商者，而现在则主要是激励创新者。国务院《关于激发重点群体活力带动城乡居民增收的实施意见》中，提出实施七大群体激励计划，就是主要针对技能人才、新型职业农民、科研人员、小微创业者、企业经营管理人员、基层干部等。

中国企业创新的三个阶段是：从拷贝到追求适用，从追随者到世界标准制定者，从追求新资源到追求新知识，创新的四个驱动因素是客户、文化、能力、现金①。实际上反映了我国企业从模仿创新到自主创新的过程。宁夏作为欠发达地区，处于工业化过程之中，应该向日本和韩国等国家学习，应该实行由产业应用带动相关科技研发的逆向创新驱动发展战略，更加注重市场导向和客户需求，强调技术创新、技术流动和政策创新。实施技术追赶战略，通过技术引进、学习、模仿、利用发达国家和地区的先进技术，降低自主创新的高昂成本，利用后发优势节省追赶时间。加强技术改造，重点促进产业转型升级，着眼于降低工业成本。宁夏在一些特色产业领域具有技术优势，应该制定政策保持技术优势。宁夏不具有全面自主创新的技术基础和经济实力，应该紧紧围绕产业发展来实施创新驱动战略。正如我国长期以来国家科技发展的方针：“面向和依靠”，即经济建设要依靠科学技术，科学技术要面向经济建设。

韩国在 2004 年出台《国家技术创新体系构建方案》，提出通过主体创

①〔美〕叶恩华，〔澳〕布鲁斯·马科恩：《创新驱动中国》，中信出版社，2016 年。

新、扩散创新、系统创新、要素创新、基础创新等五大领域的改革和创新，实现从追赶型技术创新体系向创造型技术创新体系的转型（见图1）。对宁夏具有非常重要的参考价值。《宁夏回族自治区党委 人民政府关于推进创新驱动战略的实施意见》，实际上就是通过一系列政策激励，支持宁夏技术创新体系实现转型升级。

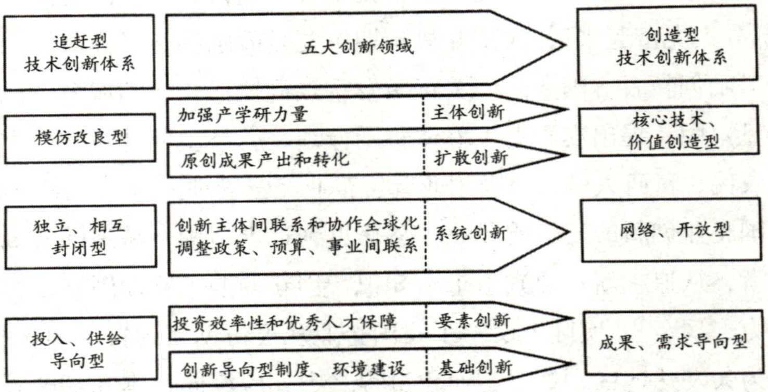

图1　地区技术创新体系建设基本方向转型①

（二）科技创新体系：从政府主导型向市场主导型转变

国家科技创新体系是以政府为主导、充分发挥市场配置资源的基础性作用、各类科技创新主体紧密联系和有效互动的社会系统。发达国家一般企业的研发活动以开发研究为重点，政府所属研究机构以应用研究为主，承担基础、先导、公益研究和战略储备技术开发研究的责任；大学所属研究机构主要从事基础研究，强调产学研结合。创新驱动发展的最大特征是由企业家驱动的发展，经济增长是依靠企业家不断利用新科技成果、开发新成品、获取新材料、建立新组织结构、创新生产方式、开辟新市场的一系列创新过程。企业家敏锐地把技术发明与市场需求结合起来，形成产业

①转引自陈强，余伟等：《创新驱动发展国际比较研究》，同济大学出版社，2015年。

创新浪潮。世界各国均建立了以企业为主体的创新体系。

美国是技术全面领先的市场协调型创新驱动模式，更加注重发挥市场在科技资源配置中的决定性作用，强调企业作为创新主体，采取严格的知识产权等政策优化创新环境。日本和韩国属于典型的政府主导型创新驱动模式，政府直接介入创新活动，制定创新战略与产业政策。其实无论是政府主导型还是市场主导型，都强调企业主体地位。

宁夏应该充分发挥政府在创新驱动发展中的主导者、引导者作用，在国家战略指导下，充分发挥市场基础作用。积极落实《自治区党委、人民政府关于推进创新驱动战略的实施意见》，把人力资本和知识作为创新驱动最重要的资源，充分发挥公众特别是企业家参与政府科技政策制定的作用，完善各项科技政策。我国市场经济体系还不够完善，要处理好政府主导与市场基础的关系，政府把主要精力放在引导创新方向、确定创新重点领域、优化创新环境上来。避免对企业项目进行直接干涉。

（三）技术优势转换：是后发优势还是先发优势？

我国整体已经开始从后发优势向先发优势转换。但宁夏区情现实还需要继续发挥后发优势作用，既要利用经济危机之际积极延长传统产业的产业链，又需要积极发展战略性新兴产业。其中应该高度重视产业链招商引资，重视投资在产业技术进步中的关键作用。

宁夏经济过去是投资拉动型经济，近年来投资效率下降明显，创新驱动发展是破解边际效益下降的主要措施。应该高度重视投资对增长的关键作用，更应该注重提高有效投资水平。目前中国经济的深层症结在于供需错配，有效供给不足是主要矛盾。但供需双方是对立中的统一，技术进步隐含在投资之中，比如建设新型煤化工基地，建设国家级现代纺织基地、世界最大的高性能差别化氨纶项目和碳纤维基地等，没有产业投资就没有技术进步。宁夏第十二次党代会报告中强调着力推进产业转型发展，提出实施传统产业提升、特色产业品牌、新兴产业提速、现代服务业提档等四大工程，既强调了改造传统产业，也提出发展以新技术、新产业、新业态、新商业模式为主的新经济。要加大科技投入，增强先进制造业科技创新能力，努力在一些特色产业领域形成“先发优势”，逐步建设创新型地区。

二、 宁夏创新驱动发展存在的短板问题及其制约因素

（一） 宁夏科技投入现状

宁夏研究与试验发展（R&D）经费与全区生产总值之比，从2001年的0.45增加到2016年的0.95，投入强度指数在全国处于中下水平(见图2、3)。

主要存在问题：

一是科技投入不足。2015年宁夏R&D经费内部支出25.48%，比上年增长6.8%。其中基础研究经费占7.2%，应用研究经费占9.7%，试验发展经费占83.1%。技术改造经费支出2008年达到一个高峰，达到41亿元，随后逐步下降，到2014年到达60亿元，形成第二个高峰。技术引进经费支出也是2008年达到16.2亿元，至2015年又达到22.2亿元。经费支出

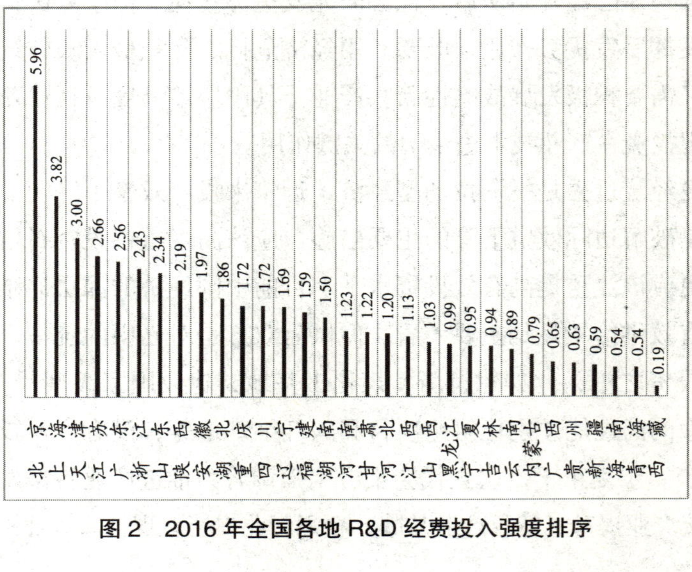

图2　2016年全国各地R&D经费投入强度排序

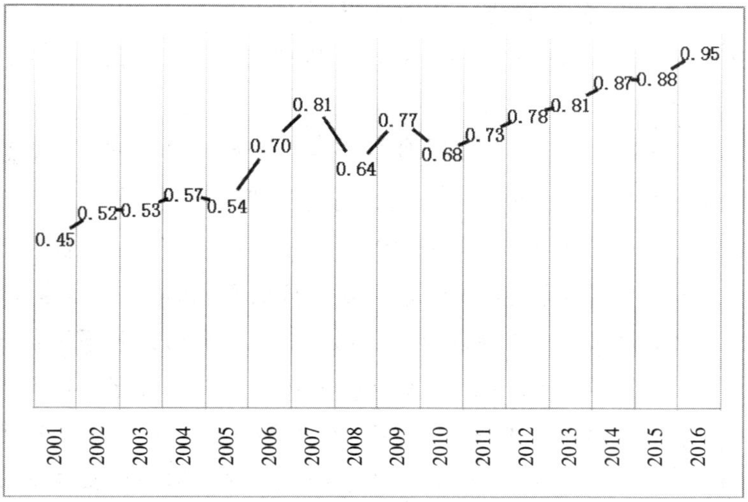

图 3　宁夏 R&D 经费投入强度变化

波动性较大。其中日常性支出占内部支出的 84.8%，主要是支付人员劳务费，购买仪器和设备的经费较少。R&D 经费外部支出 1.2 亿元中，企业支出占 83%，企业较好地从国内研究机构、高校、企业购买了技术服务，但对境外技术需求较低，R&D 投入结构不够合理。目前宁夏 R&D 经费强度在全国较低，科研投入普遍不足，有研发能力的企业较少，政府对科研投资效益不高。政府科技后补助政策申报门槛高，政策引导作用发挥不够。

二是科技人才短缺。2010—2015 年，宁夏地方国企、事业单位专业人才从 1.24 万人增加到 1.29 万人，年均增长仅为 0.79%。宁夏人才以教育、卫生专业为主，2015 年从教育人才、卫生技术人才分别占 58.3%、19%，而工程、农业、科研三类技术人才只占 8.1%、6.7%、0.9%。而且越来越有卫教技术人员比重提高而工农科三项人才比重下降趋势。2010—2015 年，每万人口中专业技术人员从 196 人下降到 175 人，每万职工中专业技术人员从 2269 人减少到 1700 人。近些年来，中央国企和大型民营企业专业技术人员增加，但总体比例依然较小，最为需要的工程、研发、设计、企业管理、农业等人才依然非常短缺，不能适应经济创新发展的需要。现有人才中从事基础研究和应用研究人员严重不足，高端人才缺乏。

三是自主创新能力弱。企业主体地位缺失严重，科技创新成本高风险大，内生发展动力不足。2015 年宁夏共有各类研究开发机构 222 个，其中自然科学研究 8 个，农业技术领域 19 个，医药科学 8 个，工程与技术领域 174 个，人文与社会科学 13 个。研发人员只有 6028 人。全区 1245 家规模以上工业企业只有 122 家建有研发机构。全区拥有国家级工程技术研究中心 3 个，自治区级 36 个，国家重点实验室 2 个，省部共建重点研究室 4 个，国家重点培育基地 3 个，自治区级重点实验室 14 个，自治区级企业（集团）技术中心 60 个。2015 年登记自治区级科技成果 244 项、专利授权量 1865 件，分别比上年增长 18.4%、30.9%。但宁夏企业研发集中于传统产业，与战略性新兴产业结合不紧密。特别是自主创新能力弱，创新动力不足，对产业转型升级贡献率较低。

2016 年 7 月，习总书记视察宁夏时强调："越是欠发达地区，越需要创新驱动"。

（二）宁夏产业技术水平分析

实施创新驱动战略，必须以宁夏区情特别是产业特点为基础。2015 年宁夏 R&D 人员全时当量中制造业占 50.1%，R&D 经费中制造业占 63.86%，制造业是宁夏科技投入的重点。下面分类分析如下：

1. 按要素密集度划分

宁夏三次产业结构特征，一是以劳动密集型产业为主。2008 年国际金融危机以后，宁夏劳动密集型产业增加值占 GDP 比重从 2008 年的 47.5%提高到 2016 年的 59.4%，其中金融业、建筑业比重显著提升，政府公益类服务业和生活性服务业等服务业比重大，而轻工业比重只占 GDP 的 6.3%。二是资金密集型产业占较大比例。由于重化工业大发展，宁夏资金密集型产业占 GDP 比重从 2002 年的 24.8%提高到 2008 年的 32.2%，受 2008 年以后经济不景气影响，又下降到 2016 年的 14.6%。宁夏近年来交通运输邮电业发展滞缓，也是资金密集型产业比重降低的原因之一。三是资源密集型产业比重降低。宁夏采矿业经过在 2004 年左右的低谷后，受到重工业浪潮和煤炭价格暴涨的影响，占 GDP 比重从 2004 年的 4.8%提高到 2011 年的 11.1%，然后就是煤炭价格暴跌影响，比重降低到 2016 年的 7.6%，加上第一产业比重规律性的下降，使得资源密集型产业占 GDP 比重从2012 年的 19.2%降低到 2016 年的 15.2%。四是技术密集型产业比重微小。宁夏技术密集型产业一般在 GDP 比重 1%以下徘徊，战略性新兴产业发展滞后（见表 2）。

表 2　宁夏 GDP 按生产要素密集度划分情况

	增加值(亿元)				构成(%)			
	2002 年	2008 年	2012 年	2016 年	2002 年	2008 年	2012 年	2016 年
地区生产总值	377.2	1203.9	2341.3	3168.6	100.0	100.0	100.0	100.0
一、资源密集型产业	76.6	235.2	448.6	482.6	20.3	19.5	19.2	15.2
1. 第一产业	53.0	118.9	189.3	241.6	14.0	9.9	8.1	7.6
2. 采矿业	23.7	116.3	259.4	241.0	6.3	9.7	11.1	7.6
二、劳动密集型产业	203.3	571.4	1228.1	1882.2	53.9	47.5	52.5	59.4
1. 轻工业(规上)	15.7	74.4	98.5	200.7	4.2	6.2	4.2	6.3
2. 规模以下工业	27.5	12.3	60.4	29.3	7.3	1.0	2.6	0.9
3. 建筑业	32.5	103.0	280.7	434.2	8.6	8.6	12.0	13.7
4. 生活性服务业	48.0	151.8	304.5	375.9	12.7	12.6	13.0	11.9
5. 生产性服务业Ⅰ	22.7	115.8	278.9	487.9	6.0	9.6	11.9	15.4
6. 公益性服务业	56.9	114.1	205.1	354.2	15.1	9.5	8.8	11.2
三、资金密集型产业	93.7	388.1	641.3	779.3	24.8	32.2	27.4	24.6
1. 重工业Ⅰ(规上)	50.1	294.8	444.8	573.6	13.3	24.5	19.0	18.1
2. 交通运输邮电业	43.5	93.3	196.5	205.8	11.5	7.7	8.4	6.5
四、技术密集型产业	3.6	9.2	15.7	24.4	0.9	0.8	0.7	0.8

资料来源：根据历年《宁夏统计年鉴》计算整理。

2. 按制造业技术等级划分

按照一般的技术等级，将制造业分化为四类。第一类是以资源为基础的制造业，其占制造业增加值比重从2007年的28.3%提高到2013年的43.2%，又下降到2016年的40.7%，其中主要是石油加工、炼焦及核燃料加工业比重高，且变化较大，再就是食品制造业比重逐步提高。第二类是低技术制造业，比重从2013年的10.6%提高到2016年的14.3%。以轻工业为主，主要表现在纺织业比重近年来提升，纺织服装服饰业比重逐步提高。第三类是中技术制造业，比重从2007年的55%降低到2016年的41.2%。主要是重工业为主，表现在化学工业比重提高，而冶炼产业比重降低。第四类是高技术产业，比重从2007年的5.9%降低到2016年的3.9%，以医药产业为主，信息产业比重降低（见表3）。

表3　宁夏制造业按技术等级分类情况

	2007年		2013年		2016年	
	增加值	比重	增加值	比重	增加值	比重
制造业	215.80	100.00	504.30	100.00	632.30	100.00
一、以资源为基础的制造业	61.00	28.27	217.95	43.22	257.25	40.69
石油加工、炼焦及核燃料加工业	16.40	7.60	125.30	24.85	123.55	19.54
非金属矿物质制品业	14.00	6.49	37.60	7.46	35.15	5.56
农副食品加工业	7.70	3.57	15.90	3.15	19.41	3.07
食品制造业	8.30	3.85	23.60	4.68	34.69	5.49
酒、饮料和精致茶制造业	5.80	2.69	11.60	2.30	19.85	3.14
烟草制品业	0.90	0.42	0.05	0.01	16.07	2.54
造纸及纸制品业	7.40	3.43	2.70	0.54	2.70	0.43
印刷业和记录媒介的复制	0.50	0.23	1.10	0.22	1.91	0.30
废弃资源综合利用业	0.00	0.00	0.10	0.02	1.64	0.26
文教、工美、体育和娱乐用品制造业	0.20	0.09	2.50	0.50	2.29	0.36

续表

	2007 年		2013 年		2016 年	
	增加值	比重	增加值	比重	增加值	比重
二、低技术制造业	24.06	11.15	53.40	10.59	90.13	14.25
纺织业	19.40	8.99	26.10	5.18	51.74	8.18
纺织服装、服饰业	0.19	0.09	11.80	2.34	20.84	3.30
皮革、毛皮、羽毛(绒)及其制鞋业	0.70	0.32	2.60	0.52	3.38	0.54
木材加工及木竹、藤、棕、草制品	0.07	0.03	2.20	0.44	3.03	0.48
家具制造业	0.10	0.05	1.10	0.22	2.05	0.32
金属制品业	3.60	1.67	9.60	1.90	9.08	1.44
三、中技术制造业	118.78	55.04	214.70	42.57	260.34	41.17
化学原料及化学制品制造业	33.80	15.66	80.50	15.96	122.51	19.38
化学纤维制造业	0.02	0.01	0.10	0.02	0.15	0.02
橡胶和塑料制品业	9.80	4.54	3.90	0.77	12.01	1.90
黑色金属冶炼及压延加工业	20.50	9.50	42.70	8.47	33.15	5.24
有色金属冶炼及压延加工业	40.50	18.77	55.80	11.06	43.29	6.85
通用设备制造业	9.90	4.59	9.20	1.82	10.84	1.71
专用设备制造业	4.10	1.90	11.60	2.30	7.26	1.15
汽车制造业	0.16	0.07	1.40	0.28	0.44	0.07
电气机械及器材制造业	0.00	0.00	9.60	1.90	30.69	4.85
四、高技术制造业	12.80	5.93	15.64	3.10	24.40	3.86
计算机、通信设备及其他电子设备制造业	4.50	2.09	0.17	0.03		0.00
仪器仪表制造业	3.00	1.39	3.97	0.79	5.92	0.94
医药制造业	5.30	2.46	11.50	2.28	16.96	2.68
铁路、船舶、航空航天和其他运输设备制造业	0.00	0.00	0.00	0.00	1.52	0.24

资料来源：根据历年《宁夏统计年鉴》计算。

以上分类只是初步分类，实际上每个产业内部都有技术等级高低之分。根据自治区经信委《宁夏回族自治区重点产业发展优势及产业合作图册》等资料，对宁夏主要产业的技术水平分析如下：

(1) 现代煤化工行业处于全国领先地位。以宁东基地为依托，神华宁煤、宝丰能源、中石化长城能化、宁夏庆华、宁夏和宁化学等大型骨干企业支撑。其中神华宁煤集团先后攻克了大型先进煤气化、合成气变换新技术、大型煤制甲醇、煤间接液化、煤制烯烃等一大批技术难题，2016年宁夏现代煤化工总产值占全国化工行业的37%左右。技术水平处于全国前列。

(2) 氮肥技术水平面临突破。中石油宁夏石化公司拥有三套以天然气为原料的大型化肥生产装置，已建成国内首套采用自主知识产权成套技术的第三套年产45万吨合成氨/80万吨大型尿素项目，是我国氮肥工业技术和装备示范工程。如果试车成功，将打破国外在大化肥行业技术垄断。

(3) 电石行业在全国占有重要地位。宁夏电石产能和产量均居全国第3位，现有电石生产企业32家，是全国电石和氯碱生产基地。宁夏是规模最大、品种最全、总量稳居世界首位的氰氨系列产品生产基地。宁夏日盛化工有限公司的ADC发泡剂产能居全国首位。大地化工循环经济模式是全国典型，宁夏金昱元固原盐化工项目也是全区传统产业转型升级的示范项目。

(4) 冶金和有色工业面临技术延伸。宁夏活性炭、电解锰、金属镁、碳化硅和铁合金产量分别占全国的50%、40%、20%、20%、10%，钽丝、钽粉产量分别占全球市场的60%、25%，宁夏是世界最大的金属锰和钽丝生产基地，我国重要的炭基材料生产研发基地、铝镁合金和冶金炉料生产基地。铁合金行业建成了国内单台容量最大的6300kVA矿热炉，电解铝行业在全国率先建成单体最大的400kA铝电解槽，碳化硅行业建成了全国单体最大的40000kAV冶炼炉，技术水平处于全国领先水平。目前正在从冶炼向型材产业链延伸。铝镁合金领域实现了铝棒材、板带规模化生产，钢铁领域从普刚向特钢转型，铁合金领域向特种合金、多元复合合金发展，炭基材料向碳化硅陶瓷制品、碳基纯石墨等新产品发展。广泛使用于国内外高端汽车、高铁、地铁等领域。天元锰业是全世界最大的电解锰生产企业。

(5) 装备制造业占据特色产品优势。仪器仪表领域有吴忠仪表、隆基宁光仪表等 7 家重点企业，吴忠仪表在全国同行业研发能力第一，在“高端控制阀”“智能能源计量仪表”等产品上具有技术优势。铸件铸造领域有 10 家重点企业，共享集团在“大型高端燃气轮机铸件”“铸造智能化工厂建设”等方面具有优势，突破了“球墨铸铁件 UT 标准”“液力缓速器”等世界性难题，在国内率先实现大型 3D 打印机在铸造行业产业化应用。西北轴承等 6 家重点轴承企业，处于国内先进水平。数控机床 7 家重点企业，小巨人机床是中国首个“数字化、智能化”机床制造企业，其主打产品卧式加工中心达到世界先进水平。电工电器领域 19 家重点企业，高铁牵引变压器在国内市场具有占有率优势，部分产品替代进口。建成全国首个新能源综合示范区，风电和光伏发电设备制造形成产业链。天地奔牛、西北煤机等 10 家煤矿机械企业，在“年产 1200 万吨综采工作面成套输送设备”“世界首套高效节能控制刮板输送机”等具有世界性先进水平。

(6) 纺织业形成产业集群。宁夏 102 户规模以上纺织企业，已经形成羊绒纺织、棉纺织、化纤纺织等产业集群。企业成功开发出第六代羊绒分梳设备，研发微悬浮体染色技术，都达到国际领先水平，引进国外先进羊绒纺织设备，使宁夏成为全球最大的羊绒全产业链生产基地。棉纺织业引进山东如意集团，直接嫁接集团公司的先进纺织工艺技术，已经国内外先进的纺织、制造、服装设备。化纤纺织业利用化工产业优势，已经形成与本地产业协调发展格局，采用最先进的 TMT 进口设备。

(7) 医药产业是特色优势产业。宁夏 16 家规上医药产业，生产的化学原料药占医药工业产值的 80%以上。由于环保因素制约，世界上原料药生产萎缩，宁夏启元药业生产的硫氰酸红霉素产量占全球产量的三分之一，VC 产量位居全国第五位。宁夏金维药业生产的 VB12 产量居全国第一位。由于宁夏是双氰胺重要生产地，为化工产品向医药产业延伸提供了条件。但宁夏医药产业，还不能称为高新技术产业。

（8）电子信息产业发展方兴未艾。宁夏电子信息产业主要是光伏制造业和锂离子电池产业。银川隆基硅材料有限公司是全球最大的单晶棒生产企业，采用自主研发的单晶炉，应用国际领先的 RCZ 拉晶技术和单晶炉新型热屏技术，单晶棒直径和单炉月产能均为国际最高水平。2016 年开工的杉杉能源（宁夏）有限公司，建成后将成为全球动力型锂电池材料的“巨无霸”。

3. 工业企业 R&D 经费投资强度分析

2015 年宁夏规模以上工业企业 R&D 经费投资强度平均为 0.58，大中型工业企业投入强度达到 0.63。分行业来看，投入强度最高的是仪器仪表、专用设备制造业、医药工业、石油天然气采掘业、交通设备、橡胶和塑料制品业等 6 个产业，投入强度高于 2.5。投入强度高于 1 低于 2 的产业还有电气机械及器材制造业、食品制造业、通用设备制造业、造纸及纸制品业，酒、饮料和精制茶制造业，煤炭开采和洗选业等 6 个产业。宁夏具有比较优势的石油加工、炼焦及核燃料加工业，电力、燃气及水的生产和供应业，纺织业、冶金产业等，投入强度均较低（见表 4）。

表 4　宁夏 2015 年分行业规模以上工业企业研究与试验发展（R&D）经费情况

产业分类	企业数（个）	R&D 经费（万元）	R&D 经费投入强度(%)
总计	1245	266872.3	
一、采矿业	62	40846.3	1.18
煤炭开采和洗选业	53	39820.3	1.20
石油和天然气开采业	1	1026.0	2.89

续表

产业分类	企业数（个）	R&D 经费（万元）	R&D 经费投入强度(%)
二、制造业	1052	167282.2	0.69
农副产品加工业	154	5736.7	0.45
食品制造业	61	18837.9	1.37
酒、饮料和精制茶制造业	31	3881.7	1.20
纺织业	88	13990.6	0.57
纺织服装、服饰业	9	248.4	0.78
皮革、毛皮、羽毛(绒)及其制品业	17	804.8	0.80
家具制造业	7	99.3	0.16
造纸及纸制品业	14	2528.7	1.29
印刷业和记录媒介的复制	14	514.4	0.55
文教、工美、体育和娱乐品制造业	4	401.6	0.33
石油加工、炼焦及核燃料加工业	28	2021.0	0.04
化学原料及化学制品制造业	134	16796.8	0.47
医药制造业	17	13708.3	3.74
橡胶和塑料制品业	37	7535.4	2.50
非金属矿物制品业	145	4380.8	0.38
黑色金属冶炼及压延加工业	77	10127.4	0.44
有色金属冶炼及压延加工业	30	21784.7	0.70
金属制品业	40	985.9	0.29
通用设备制造业	36	7641.2	1.29
专用设备制造业	34	15676.4	4.23
铁路、船舶、航空航天和其他运输设备制造业	3	275.2	2.84
电气机械及器材制造业	42	11109.0	1.59
仪器仪表制造业	7	4407.1	4.85
三、电力、燃气及水的生产和供应业	131	2274.3	0.03
电力、热力的生产和供应业	107	2189.7	0.04
水的生产和供应业	7	84.6	0.10

资料来源：根据 2016 宁夏科技统计年鉴资料计算，投入强度是 R&D(内部+外部)经费/主营业务收入 *100%。

四、加快创新驱动发展的着力点

党的十八大报告提出的创新驱动发展战略包括以下八个方面内容：(1)坚持走中国特色自主创新道路；(2)深化科技体制改革；(3)完善知识创新体系；(4)实施国家科技重大专项，突破重大技术瓶颈；(5)加快新技术新产品新工艺研发应用，加强技术集成和商业模式创新；(6)完善科技创新评价标准、激励机制、转化机制；(7)实施知识产权战略，加强知识产权保护；(8)促进创新资源高效配置和综合集成，把全社会智慧和力量凝集在创新发展上来。党的十九大报告对加快建设创新型国家，做了以下六个方面的部署：(1)瞄准世界科技前沿，实现前瞻性基础研究、引领性原创成果重大突破；(2)加强应用基础研究，拓展实施国家重大科技项目；(3)加强国家创新体系建设；(4)深化科技体制改革；(5)倡导创新文化，强化知识产权创造、保护、运用；(6)培养造就一批具有国际水平的科技人才和高水平创新团队。

宁夏第十二次党代会强调了创新驱动战略，宁夏能否走出一条转型发展的路子，创新驱动能否成为宁夏经济增长的主要动力，必须落实中央精神，结合宁夏实际，找准实施创新驱动战略的着力点。

（一）强化企业的科技创新主体地位

国家创新体系主要由创新主体、创新基础设施、创新资源、创新环境、外界互动等要素组成，具体包括知识创新系统、技术创新系统、知识传播系统和知识应用系统。党的十九大强调加强国家创新体系建设，通过深化科技体制改革，建立以企业为主体、市场为导向、产学研深度融合的技术创新体系。

美国、韩国、德国等发达国家企业 R&D 经费支出占 70%左右，而来自政府的经费占 10%~25%，企业是科技创新主体。

宁夏 2015 年 R&D 经费支出中，规上企业占 78.7%，科研机构占

6.2%，高等院校占 7.2%，其他来源占 8%。2010 年以来，宁夏科研机构和高等院校科研经费支出明显比重提升，而规上企业自 2013 年以来，则随着企业经济形势恶化，企业研发经费支出比重有所下降（见表 5）。

表 5　宁夏各创新主体研究与实验发展情况

	总计	科研机构	高等院校	规上企业
	R&D 经费支出(万元)			
2010 年	115101	5598	5995	86393
2011 年	153184	5889	11683	118879
2012 年	182304	8691	11808	143696
2013 年	209042	10425	12909	167494
2014 年	238580	13785	20919	186518
2015 年	254842	15723	18250	200453
	R&D 人员全时当量(人年)			
2010 年	6379	364	1101	3051
2011 年	7359	349	1235	3967
2012 年	8073	410	1558	4196
2013 年	8234	594	1184	4817
2014 年	9500	525	1485	5799
2015 年	9247	543	1420	5470

资料来源:《2016 宁夏科技统计年鉴》。

企业中具有创新能力的主要是大中型企业。2015 年宁夏 1442 家规上企业中，只有 159 家有 R&D 活动，占 11%。其中，大中型企业中有研发单位的占 36.6%，规上小型企业有研发活动的占 9.5%，规上微型企业有研发活动的占 2.9%。国外也有类似经验数据，一般是全部企业中，70%的基础型中小企业只有少量或没有研发活动；20%的企业采用现有技术，只能少量创新。只有少于 3%的技术领先者和不高于 10%的企业是先进技术使用者（见图 3）。

宁夏要坚持以企业为主体增强创新发展能力，要“抓大放小”，首先要大力培育科技型企业，鼓励规上工业企业设立研发机构，建立研发准备金制度，加大企业创新投入。对“科技型小巨人”企业，给予税收优惠。应该建立科技创新券制度，由市县政府以购买服务方式支持中小微企业开展创新活动。

基础型中小企业	使用技术的公司	先进技术使用者	技术领先者
少量或没有研发活动	采用现有技术，少量创新成果的中小企业	创新地对现有技术进行发展和整合	大量开展研究活动
70%	20%	<10%	<3%

资料来源：转自〔美〕尼古拉斯·沃诺塔斯等编：《创新政策：一本实用指南》，社会科学文献出版社，2016年。

图 3　企业研发的“阶梯”

（二）坚持走特色创新之路

宁夏创新驱动战略，要坚持走特色创新之路，有所为有所不为，围绕产业转型突出技术创新，重点在引进消化吸收再创新、实用技术创新、创新成果转化应用上下功夫。

根据林毅夫对我国产业部门的分类[①]，对产业技术创新分析如下：

领先型产业和弯道超车型产业，一般以自主创新为主，产业升级必须自己发明新产品，形成新产业，中国庞大的市场和配套齐全的工业体系，特别是部分产业研发中我国与发达国家人力资本差距并不大，弯道超车型产业的创新具有比较优势；追赶型产业的产业升级主要是用引进消化吸收等方式来实现。转移型产业，除了将生产部分转移到工资较低的地区，开辟新兴市场之外，还需要注重研发新产品。战略型新兴产业，以工业化和信息化深度融合作为主线，注重填补中国工业基础技术的缺口，改变核心

①林毅夫：《中国弯道超车，这个产业有戏》，国是直通车公众号，2017 年。

零部件和先进材料过度依赖进口的现状，增强核心竞争力（见表6）。

表6　中国产业类型

产业类型	创新重点
1.追赶型产业	如装备制造业，创新主要以消化吸收为主
2.领先型产业	创新以自主研发为主
3.转移型产业	如纺织业等劳动密集型产业，创新既有产品的研发，也有来自市场的创新
4.弯道超车型产业	创新以自主发明为主，尤其是以人力资本投入为主
5.国防安全与战略型新兴产业	还不具有主要优势，研发活动需要政府资金支持

资料来源：根据林毅夫发言整理。

宁夏特色产业转型升级的政策建议：

以特色优势产业转型升级为重点。实施工业行业对标升级计划，支持企业采用新技术新工艺新流程，加大综合技术改造力度，以信息技术改造传统产业，加大产业链招商力度，重点打造现代煤化工产业集群和现代纺织产业集群，建设生态产业园区，走高端化、智能化、绿色化之路。

积极发展新经济、新产业、新业态，大力发展战略性新兴产业。围绕中国制造2025战略，加快两化融合，重点发展智能生产，工业生产从机械化、自动化向智能化演进，建设智能工厂。更加注重从发达国家和发达地区引进先进实用技术及先进设备。在新一代信息产业、先进装备制造业、新材料产业链延伸、节能环保产业、高端生物医药产业等方面有所突破（见表7）。

大力发展现代农业和现代服务业。加强品牌建设，建设三大现代生态农业示范区，大力发展节水型农业，大力发展酿酒葡萄、枸杞、马铃薯等特色农业，切实解决小麦、玉米、水稻等主要粮食作为新技术研发与推广。积极发展研发设计、技术服务、文化创意等生产性服务业，提高金融业对实体经济的支持力度，发展全域旅游、信息消费等经济热点。

表7 宁夏产业转型升级技术路线

产　业	政策措施
特色优势产业转型升级	1.实施工业行业对标升级计划,促进宁东基地、银川经济开发区等园区转型升级 2.升级重点:产业链延伸 3.建设企业技术中心等,优势产业技术领域实现突破 4.煤电化主导产业节能环保技术、循环经济模式、生态工业园区 5.以信息化改造传统产业 6.加大新一轮技术改造力度 7."专精特新"品牌建设与示范奖励
打造现代纺织产业集群	1.形成银川—贺兰—滨河新区—综保区—灵武—吴忠现代纺织产业带 2.从纺织业向服装业产业链延伸 3.整合研发—设计—原料—制造—物流—营销全产业链 4.实施品牌战略 5.加大产业链招商和国内外兼并重组力度
培育战略性新兴产业	1.实施换道超车战略,培育新产业、新业态、新商业模式 2.大力发展新型煤化工产业 3.在新一代信息技术产业发展上有所突破,发展大数据产业 4.新材料产业:稀有金属深度应用技术突破,产业链延伸 5.先进装备制造业:发展智能制造系统,鼓励应用首台套设备 6.发展新能源、特别是节能环保产业 7.推动生物医药行业跨越升级
促进现代农业融合发展	1.打造特色农业产业带 2.农业供给侧结构性改革 3.特色优质农产品品牌战略 4.发展高效节水农业、加强盐碱地改良等 5.注重农业技术推广 6.农村一二三产融合发展 7."互联网+"现代农业 8.发展现代农业:订单农业、观光农业、绿色农业等
提档发展现代服务业	1.发展生产性服务业,建设丝路经济园 2.增强金融业服务实体经济力度 3.发展电子商务 4.发展创业孵化基地,打造 iBi 育成中心、中关村双创园等 5.发展全域旅游 6.建设现代物流体系,以银川综合保税区为龙头促进贸易投资便利化

（三）坚持走开放创新之路

开放式创新是世界最先进的创新模式。宁夏第十二次党代会报告提出走开放创新之路，加强与东部科技强省的创新联动，加强与国内外科研院所、科技型企业的创新合作，通过创新资源、创新成果合作共享，增加科技创新力量，提升创新发展水平。

一是以全面开放加强创新能力开放合作。我国开放已经进入了以“一带一路”为标志的全方位多层次的对外开放。过去经济高速增长时期，我们更多地关注招商引资和资源进口等，宁夏等西部地区外商直接投资相对较少，与中东石油大国的直接贸易也很少。今后应该更加注重全方位开放，注重与欧美日韩等发达国家的技术经济合作，加大技术引进和设备进口等工作。坚持引进来和走出去并重，对外贸易从“大进大出”向“优进优出”转变，充分采用国际国内两种资源两个市场发展开放经济。

二是建立东西部科技合作共赢机制。更加注重对内开放，积极落实“科技支宁”东西部合作推进会精神，加大与国家级科研院校、高等院校的科技合作，加强与东部沿海地区的科技、人才、教育等创新资源的流动，注重承接产业转移。将闽宁扶贫协作上升为东西部产业技术协作，加大与上海、江苏、浙江、山东、广东等沿海省区经济协作。

三是鼓励东西部共建创新园区。转变现有东西部区域结对帮扶模式，吸引东部地区国家级高新技术园区来宁夏共建新型园区，建立共建产业园区的绩效考核机制，创新东西部跨区域产业园区管理模式。探索用地指标、节能减排任务跨省区调配政策，推动东部地区产业向西部转移，防止产业空心化。

四是着力推进多模式全面创新。中国企业创新存在成本创新、流程创新、应用创新、供应链创新、产品创新、技术创新、商业模式创新、非客户创新等八种创新模式①。除了技术创新外，我们也要高度重视多模式创

①〔美〕叶恩华，〔澳〕布鲁斯·马科恩：《创新驱动中国》，中信出版社，2016 年。

新，着力推进以科技创新为核心的全面创新。改革开放以来，我国从发达国家学习了先进的管理经验，以及商城、工业园区、城市综合体等商业模式，也创造了网上交易平台、在线支付系统等。相比科技自主创新的成本和风险，多模式创新更加注重成本驱动型创新和市场驱动型创新，成本小、风险小，适合欠发达地区的创新驱动发展。

五是加强产学研合作。中国开放式创新的最主要方式是：企业同高等院校和科研机构合作，同产业价值链中的供应商或客户合作，同技术提供商或采购商合作[①]。应该更加注重企业与知识驱动型研发中心的关系，通过特别赞助研究、重复性短期合作、建立联合实验室等，加强产学研项目合作，促进科研成果转化。加强产业链协同发展，共同科技攻关，更加注重客户对新产品的需求。通过获得初创公司的新技术“许可”、基于知识获取的并购、建立合资公司等，加强科技服务和合作。

（四）着力建设沿黄科技创新改革试验区

创新具有空间集聚性，如美国的硅谷等，创新一般表现在区域间分布不均等。首先是倾向于城镇化，大城市群比小城镇更具有良好的基础设施，更多样的人才群体，和更多的客户需求及其更高的创新回报，具有规模经济效应。其次是本地化，一些产业在特定区域集聚和集群发展，所形成的知识外溢具有地方化效应，如羊绒工业在灵武市、同心县集聚等现象，有利于知识传播，形成专业化经济和地方化经济。再次是园区化，这有利于充分发挥土地和基础设施的集约化利用，创新也往往集中于工业园区。最后是多样性。大城市经济活动多样性，有利于不同行业知识的结合，产生破坏性创新成果。

加强区域创新必须学习国内外区域创新经验。江苏省的区域创新能力已经连续8年在全国排在第一位，其“江苏经验”比较注重实体经济的创

①〔美〕叶恩华，〔澳〕布鲁斯·马科恩：《创新驱动中国》，中信出版社，2016年。

新，着力打造产业科技创新中心和先进制造业基地，注重以城市群为基本单元的自主创新示范区建设，并始终把人才作为核心资源，着力集聚创新的“种子’”；打造创新支撑平台，着力培厚创新的“土壤”。形成了江阴产学研结合型、昆山开放带动型、常熟民营经济崛起型等县域经济创新模式。浙江省创新驱动发展也居全国前列，目前共有 4 个国家创新型试点城市、9 个省级创新型试点城市和 37 个省级创新型试点县（市、区），还批准了杭州、嘉兴、长兴、新昌等作为省级全面创新改革试验区，积极推进区域创新。滨江高新区聚集高端创新要素，成功培育内生动力，被称为继珠三角“三来一补”发展加工贸易、苏南招商引资发展工业园之后，形成的全新区域发展模式。余姚，一个曾以传统产业为主的浙东县级小城，依靠智能经济为传统制造业注入了新动能，成为中国机器人峰会的永久举办地。新昌县通过“天姥英才”计划引进人才，“企业出题、院所解题、政府助题”，使这个资源禀赋有限、区位优势不足的山区小县，成为国家知识产权强县工程试点县。宁夏区域创新发展，也要积极发挥各市县政府的积极性。

宁夏 R&D 活动具有非常显著的区域特征。2015 年宁夏 R&D 人员全时当量和经费支出中，沿黄科技创新改革试验区占 98.8%和 98.6%，银川都市圈占 95%和 92.5%。特别是银川市就占 R&D 经费支出的 68.5%。突出表现是固原市的企业资金只占 R&D 经费内部支出的 24.7%，而银川都市圈占 76.6%。

2015 年根据《中共中央国务院关于深化体制机制改革加快实施创新驱动发展战略的若干意见》的有关要求，宁夏积极谋划建设沿黄经济带科技创新改革试验区。2017 年 4 月，正式颁布《宁夏沿黄科技创新改革试验区建设总体方案（2016—2020 年）》；8 月 18 日，“科技支宁”东西部合作推进会暨宁夏沿黄科技创新改革试验区建设启动会在银川召开。宁夏沿黄科技创新改革试验区包括银川、石嘴山、吴忠、中卫四市和宁东基地，主要围绕特色优势产业等全面推进创新改革试验，主要任务是实施三大计划、五大工程和六项改革。沿黄经济区是宁夏经济核心区，应该以创新加快产业转型升级，注重沿黄科技创新改革试验区和银川都市圈的创新经济地理，促进区域创新，培育形成有竞争力的创新集群。

表 8　2015 年宁夏各地区 R&D 投入情况

地区	R&D 人员全时当量（人年）	R&D 经费（万元）	R&D 经费与地区 GDP 之比（%）	试验发展占内部支出比重（%）	资产性支出占内部支出比重（%）	企业资金占内部支出比重（%）
全区合计	9247	254842	0.88	83.1	15.2	77.1
#沿黄试验区	9136	251185	0.99	83.2	15.2	77.9
银川都市圈	8783	235610	1.04	83.0	14.8	76.6
银川市	6691	174526	1.18	77.6	15.0	71.6
石嘴山市	1284	39876	0.83	97.7	13.2	88.2
吴忠市	808	21208	0.53	99.5	16.5	96.2
固原市	111	3657	0.17	83.1	16.9	24.7
中卫市	353	15575	0.49	86.9	12.8	97.0

资料来源：根据《2015 年宁夏科技统计公报》计算。

五、打造风生水起创新生态

实施创新驱动战略，最根本的目标是增强自主创新能力，最关键最迫切的是破除体制机制障碍，以最大限度地解放和激发科技作为第一生产力所蕴藏的巨大潜能。打造风生水起的创新生态，应该努力推动以市场为基础的创新，在科技体制机制、人才、产权制度等方面深化改革（见图 4）。

（一）以“五大发展理念”引领宁夏经济创新发展

中央提出的创新、协调、绿色、开放、共享五大发展理念，把创新列为首位，认为创新是引领发展的第一动力。发展不足是宁夏最大的实际，我们依然要坚持发展是第一要务不动摇。但仅仅就经济说经济，就创新说创新，并不能有效解决发展的问题。实现中国经济从以投资拉动、资源消

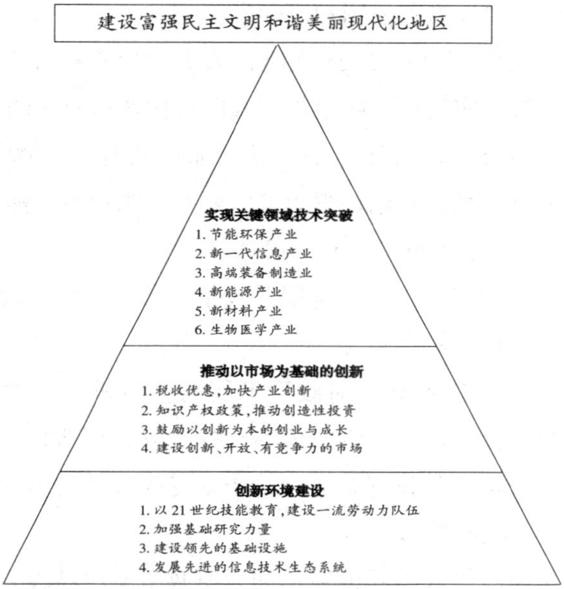

图4　宁夏创新驱动战略的金字塔结构

耗为主的传统增长模式向以效率提高和技术进步为主的现代增长模式的转变，是一项系统工程。要以科技创新带动全面创新，深入贯彻“四个全面”战略布局，牢固树立“五大发展理念”，以新理念引领新发展。党的十九大提出建设富强民主文明和谐美丽社会主义现代化强国目标，建设现代化强国必须以人民日益增长的对美好生活的多层次需要为导向。

（二）　加强对创新驱动战略的顶层设计

我国已经进入建设现代化强国新征程，创新已经成为国家发展的核心战略。

一是密切关注世界科技发展前沿和方向，及时了解世界创新发展的动态，及时对科技和产业发展方向进行调整。

二是紧紧结合我国进入中国特色社会会主义新时代的基本国情，特别是宁夏工业化发展阶段，根据不同时期不同区域的发展基础和环境条件，制定每个阶段的科技发展路线图和时间表。

三是紧密集合中国制造 2025 战略，大力发展战略性新兴产业，努力促进产业转型升级。实现从传统增长模式向现代增长模式的转换。

四是加强对创新驱动发展组织领导。加强创新驱动战略的规划制定，建立创新发展考核体系，将创新驱动工作列入效能考核目标。

（三） 建立有利于创新发展的体制机制

深化科技体制改革。以“放管服”改革为重点，优化改进科技计划管理流程，改革完善科技奖励制度。

通过税收制度促进创新。对政府下属的科研机构、大学基础研究机构，以及从事公益性、非营利性科研活动的独立科研机构，以及符合西部大开发税收优惠政策的科技型企业，给予享受税收减免或优惠待遇。争取实施企业研发税收抵扣政策。

通过多元化财政投入鼓励创新。加大财政资金科技投入，建立稳定支持创新的财政投入增长机制，优化科技支出结构，调高试验和发展支出比例。重视基础研究投入，通过对企业财政补贴方式促进产学研联合，加强政府对技术的引进、学习和扩散的财政支持。

创新金融支持科技方式。设立科技创新投资基金，整合科技创新与高层次人才创新创业担保基金，实施“引金入宁”计划，发展政策性金融，充分利用风险投资，努力降低创新成本。

优化开放公平的市场环境。充分发挥市场在资源配置中的决定性作用。打破垄断，消除阻碍不断采用新技术的壁垒，提高技术进步较快的产业的折旧率，推动二手设备市场发展，不断激励企业技术创新的内生动力。

（四） 实行以增加知识价值为导向的分配政策

2016 年 5 月全国科技创新大会上，习近平总书记提出为建设世界科技强国而奋斗。为加快实施创新驱动发展战略，激发科研人员创新创业积极性，在全社会营造尊重劳动、尊重知识、尊重人才、尊重创造的氛围，中共中央办公厅、国务院办公厅，2016年7月份印发了《关于进一步完善中央财政科研项目资金管理等政策的若干意见》，11月印发了《关于实行以增加知识价值为导向分配政策的若干意见》。宁夏的相关配套落实文件正在征求意见之中。

一方面是把科研机构当行政单位来管理，科研项目间接费用、劳务费用比例过低，不能体现知识价值，科研人员大量精力浪费在报销等环节。一方面是预算执行力度越来越大，督促项目经费支出进度和比例，一些项目还没有执行完经费就被收走了。现在科研人员工作量非常饱满，但优秀成果还是相对较少，应该建立以科研精品为目标的激励机制。

针对科研管理中存在的问题，应该推动形成以增加知识价值为导向的收入分配机制。扩大科研机构、高校收入分配自主权。进一步发挥科研项目资金的激励引导作用。加强科技成果产权对科研人员的长期激励。允许科研人员和教师依法依规适度兼职兼薪。

（五）坚持以人才培养使用支撑创新发展

人力资本和知识是创新驱动的最重要的资源。

实施人才强区战略。以经济社会发展现实需要为导向，大力培养和引进实用性人才，加快引进重点产业、重点领域创新型领军人才和创新团队。

更加注重本区现有人才的培养和使用。全区人才政策过度注重引进博士、院士等，对如何充分发挥现有人才作用尚存在体制机制局限，这种重学位轻成绩的做法，结果是“引来女婿，气走儿子”。应该更加注重绩效导向，激发人才创新创造活力。

创新人才评价使用机制，对领衔承担国家和自治区重大项目、获得国家科技进步奖励者等高端人才给予生活工作优待政策。应该优化人才管理方式，给予高校和科研院所一定的用人自主权，设立科技人员学术休假制度，形成有利于人才自由流动的政策。在职称评审等方面，给青年科研人员更多的脱颖而出的机会。

积极支持双一流大学建设，打造现代职业教育体系。积极围绕经济建设优化专业设置，加强职业教育、职业培训力度。打造高水平大学科技园，促进产学研相结合，加快科技成果转化。

营造浓厚的创新氛围。大力弘扬企业家精神和工匠精神，让科研人员把精力用在科研上，关键是各级领导干部要有识才容才用才的肚量。应该积极营造勇于探索、鼓励创新、宽容失败的文化和社会氛围。现在干部晋升、人才评价中都非常重视民意基础，但在操作中往往重票数而忽视业绩，个别人把主要精力放在琢磨人而不是琢磨事上，要警惕“福利民粹主义”，让有真才实学能干事者脱颖而出。

（六）加大知识产权保护力度

知识产权是催生思想和知识的制度。其保护方式一般有专利、版权、商标、商业秘密。专利用于刺激新知识的产生，版权用于刺激新知识表达，商标用于品牌建设，商业秘密保护技术诀窍。加强知识产权保护有利于激励创新活动。

处于不同发展阶段的地区对知识产权保护的严格程度有所不同。一般处于模仿和追赶阶段的地区，倾向于放松知识产权保护和执法，以利于技术传播；而创新型国家往往实行较为严格的知识产权制度，以激励技术创新。

宁夏保护知识产权，一是加强专利和版权的保护，逐步完善知识产权侵权和纠纷查处机制，保护企业和科研人员合法权益。二是积极鼓励专利申请，优化专利申请资助政策。三是加强地理标志和商标保护，保护地方特色优势产业，维护企业利益。四是加强商业机密保护，打击网络黑客等窃密行为。

宁夏沿黄科技创新改革试验区建设刍议

王　宇

自治区第十二次党代会将创新驱动战略作为自治区“三大战略”之首，明确提出：“着力建设沿黄科技创新改革试验区，培育形成有竞争力的创新集群。”沿黄试验区肩负着提高宁夏自主创新能力，促进产业转型升级，支撑内陆开放型经济试验区建设的重任，是引领带动全区创新驱动发展的核心载体。2017 年 8 月 18 日，“科技支宁”东西部合作推进会暨宁夏沿黄科技创新改革试验区建设启动会在银川召开，标志着宁夏沿黄科技创新改革试验区（以下简称“沿黄试验区”）建设正式拉开帷幕。

一、沿黄试验区建设背景与意义

（一）建设背景

建立科技创新改革试验区，是 2013 年 8 月李克强总理在促进西部发展和扶贫工作座谈会上首次提出的重要倡议，也是 2015 年 3 月《中共中央国务院关于深化体制机制改革加快实施创新驱动发展战略的若干意见》（中

作者简介：王宇，复旦大学管理科学与工程博士研究生，现任宁夏回族自治区科技厅发展计划处处长。主要研究方向为科技创新管理与区域经济发展。

发〔2015〕8号）中明确提出的要求。为深入贯彻落实党中央、国务院关于加快实施创新驱动发展战略的决策部署，2015年，自治区科技部门提出了建设宁夏沿黄科技创新改革试验区的建议，经自治区党委、政府与科技部协商，将沿黄试验区建设纳入第四次部区会商主要议题。在科技部指导支持下，沿黄试验区建设引起社会各界广泛关注、得到有关方面大力支持，并在2016年7月国务院印发的“十三五”国家科技创新规划中，被正式列入国家区域科技创新布局。

按照2017年3月自治区政府印发的《宁夏沿黄科技创新改革试验区建设总体方案（2016—2020）》（以下简称“《沿黄试验区总体方案》”），沿黄试验区布局于银川、石嘴山、吴忠、中卫四市和宁东基地（以下简称“4+1”主体）相关地带，以国家和自治区高新区、经开区及煤化工基地等7个园区（基地）为核心区（总面积1140平方公里），围绕特色优势产业和战略新兴产业发展全面推进创新改革试验，开展东西部科技合作，实施重大科技攻关项目，并进行成果转化应用，对全区创新发展具有重大的示范引领、辐射带动作用，是全区科技创新驱动发展的“一号工程”。

（二）重要意义

建设沿黄试验区的重要意义主要体现在三个方面。

一是贯彻落实国家创新驱动发展战略的必然选择。党中央提出创新、协调、绿色、开放、共享五大发展理念，把创新“摆在国家发展全局的核心位置”，让创新“贯穿党和国家一切工作”。习近平总书记在宁夏视察时指出，“越是欠发达地区，越需要实施创新驱动发展战略”。创新的核心和关键是科技创新。多年来，宁夏的发展始终没有走出倚重倚能、产业链条短、产品技术含量低的局面。特别是随着宁夏资源环境刚性约束加剧和经济下行压力加大，要实现经济社会的可持续发展，关键是要依靠科技创新转换发展动力。因此，科技创新是宁夏摆脱资源依赖的迫切需要，是产业升级的迫切需要，是可持续发展的迫切需要。建设沿黄试验区，在宁夏经济的核心地带、产业的关键领域先行先试、大胆探索，叠加放大各种科技创新政策效应，让创新驱动发力，必将有力促进宁夏产业结构调整和经济优化升级，为实现经济繁荣、民族团结、环境优美、人民富裕，与全国同步建成全面小康社会目标提供强有力的科技支撑。

二是推进内陆开放型经济试验区建设的重要支撑。宁夏是国务院批准的全国首个以省域为单位的内陆开放型经济试验区，其第一要务是加快发展，加大经济的开放度。开放型经济是竞争性经济，是建立在有效科技支撑水平上的高层次、多领域、内外联动、互利共赢、安全高效的新型经济形态。随着科技经济一体化趋势的日益明显，科技竞争已成为综合竞争力的核心，竞争激烈的领域越来越集中在科技创新上，科技创新成为发展开放型经济的关键因素。因此，宁夏加快建设内陆开放型经济试验区，就迫切需要依靠科技创新驱动，把潜在的科技生产力变成现实的先进生产力。依托沿黄试验区，通过科技体制机制改革的先行先试，聚集科技要素，激发创新活力，必将为建设创新、开放、联动、包容的宁夏经济，主动融入“一带一路”注入强大动力。

三是提高自主创新能力的迫切需要。宁夏科技创新能力和科技支撑发展能力弱的问题比较突出，急需通过科技创新改革试验，实施突破性的科技创新政策，吸引培育集聚更多的创新要素，快速提升以企业为主的各类创新主体的创新能力，让创新驱动“动起来”，让经济发展“活起来”，让创新成果“涌起来”。建设沿黄试验区，促进创新要素与经济发展深度融合，推动科技与经济、成果和产业、项目同现实生产力相对接，释放创新驱动能量，激发内生增长动力，将为促进科技创新与经济社会发展深度融合，为宁夏在中长期实现中高速经济增长提供持久动力，也为宁夏系统推进全面创新改革打下坚实基础。

二、沿黄试验区建设定位与布局

（一）总体定位

沿黄试验区是宁夏实施创新驱动发展战略的核心载体，通过打造西北地区一流的创新创业中心，辐射带动全区创新发展，使沿黄试验区成为全区创新发展的强大引擎，为全区创新发展提供强大动力。我们分析，沿黄试验区有如下定位。

——开放创新示范区。充分利用内陆开放型经济试验区的政策优势，发挥“科技支宁”机制作用，积极推进开放式创新，坚持引进来与走出去相结合，深化与东部科技强省、大院名校及国家自主创新示范区的合作交流，拓展创新合作的深度和广度；吸引国内外知名大学、研发机构、跨国公司到沿黄试验区设立研发机构，引导企业与其开展深度合作，发挥后发优势，为西部科教资源薄弱地区探索依靠开放合作促进创新驱动发展做出示范。

——协同创新先行区。围绕沿黄试验区创新一体化布局和产业特色发展，“4+1”主体联合开展重大科技攻关，组建跨区域战略联盟，推动跨区域校企、院企科技合作，加强科技资源整合集聚和开放共享，促进园区（基地）间科技创新和产业发展分工协作，提升区域协同创新能力和综合竞争能力。

——转型升级引领区。促进创新要素集聚，大力培育具有比较优势的战略性新兴产业，利用高新技术改造提升传统优势产业，加快发展现代服务业，推进产业结构迈向中高端，引领支撑全区经济转型发展，形成创新驱动主导、绿色低碳发展的新格局。

（二）区域布局

沿黄试验区布局在“4+1”主体的 7 个核心园区，我们根据《宁夏空间发展战略规划》和“4+1”主体的资源禀赋、产业特色、科技基础，确定沿黄试验区各分区的产业发展和科技创新重点。

——银川试验区。以银川国家高新区和经开区为核心区。培育壮大新一代信息技术、新能源、先进装备制造及临空经济等新兴产业，重点发展信息服务、电子商务、羊绒纺织、现代物流、医疗健康、教育培训等现代服务业。以获批“促进科技与金融结合试点城市”为契机，进一步完善科技金融政策环境、创新体制机制，加快形成适应创新链需求的科技金融服务体系。加快培育一批科技服务机构和龙头企业，形成一批新型科技服务产业集群。推进电子商务示范城市建设，实施宁港新经济产业服务园、宁夏电商谷等项目，打造区域性电子商务产业聚集区和电子商务培训基地。充分发挥“国家科技成果转化服务（银川）示范基地”的作用，加强与国内外一流大院大所建立对接关系。加强中阿科技合作，以网上贸易、云计算、云服务、大数据展示为重点，全面启动中阿网上丝绸之路建设。

——石嘴山试验区。以石嘴山国家高新区和经开区为核心区。重点发展新材料、装备制造、电石化工、冶金四大产业集群及新能源、生物医药、新型煤化工三个特色产业，全力加快电石化工、冶金等传统产业改造升级，构建一批面向重点产业链和产业集群的两化融合服务平台。以建设国家创新创业示范城市、国家中小企业创新试点城市为抓手，大力构建众创空间等创业服务平台为载体，有效整合资源，集成落实政策，完善服务模式，培育创新文化，加快形成大众创业、万众创新的生动局面，为全国资源型城市产业转型，实现可持续发展探索新途径。

——吴忠试验区。以吴忠自治区级高新技术产业园区为核心区。建立健全清真食品和穆斯林用品认证、研发设计、生产加工、展示交易和集散支撑体系，推动清真食品和穆斯林用品产业向标准化、集聚化、国际化发展。围绕精密仪表、专用设备、新材料等核心产业，构建系统完备的现代制造业产业集群。培育发展新业态，建设吴忠中阿国际商贸电子商务平台，促进服务业优化升级。加快“两化融合”步伐，全面变革企业传统管理方式和运营方式，实现产品、工艺和管理创新。

——中卫试验区。以中卫自治区级高新技术产业园区为核心区。重点发展军民融合产业，以云计算、大数据、物联网等信息产业作为产业升级的突破方向，带动相关产业发展，打造中阿网上丝绸之路的数据中心。发展壮大新能源及其设备制造，重点发展太阳能电池组件、铝镁新材料、装备制造等产业链延伸项目，推动结构调整，实现产业转型升级。加快中卫—太原—北京、中卫—西安—北京长途网络通道建设。筹建宁夏大学亚马逊云计算学院，大力培养云计算、大数据专业技术人才。改造和完善园区基础设施，逐步实现中卫、中宁工业园区一体化。

——宁东试验区。以高科技、低污染、长产业链、高附加值为方向，促进煤制油、煤制烯烃、煤制气和精细化工等能源化工产业发展，加快向化纤纺织、塑料型材等下游产业延伸，建设国内最先进的现代能源化工产业集聚区。提高技术装备水平，加大对煤气化、煤液化等行业共性关键技术的研发力度，形成一批具有自主知识产权和重大影响的科研成果，持续提升技术创新能力。通过生产技术与资源节约技术、环境保护技术体系的融合，推动产业链的完善和延伸。建立大型企业技术创新目标责任制，把企业科技创新意识、研发投入强度、研发机构建设、新产品销售收入比重等作为企业负责人绩效考核的重要内容，使企业真正成为研究开发投入的主体。

三、沿黄试验区建设目标与任务

（一）发展目标

沿黄试验区通过推动以科技创新为核心的全面创新，显著提升企业自主创新能力、产业技术水平并加快产业转型升级，促进科技创新与经济社会发展深度融合，为宁夏在中长期实现中高速经济增长提供持久动力，也为宁夏加快推进全面创新改革打下坚实基础。根据《沿黄试验区总体方案》，到 2020 年，基本建成创新要素集聚、创新能力领先、创新体制机制健全、创新环境良好、全方位开放合作的试验区。基本实现从要素、投资驱动向创新驱动经济社会发展的战略转变，为西部地区深化科技体制改革和现代市场体系建设提供可复制、可推广的示范样板。通过五年建设，沿黄试验区全社会 R&D 经费投入占 GDP 的比重达到 2.5%以上，科技进步对经济增长贡献率达到 60%以上，万人有效发明专利拥有量达到 5 件以上。力争使沿黄试验区进入国家自主创新示范区行列。

（二）主要任务

按照《沿黄试验区总体方案》，我们将沿黄试验区建设概括为“356”发展任务，即三大计划、五大工程和六项改革。

1. 三大计划

一是传统特色产业改造升级计划。主要是运用高新技术改造提升传统产业，延伸产业链条，提高产品科技含量和附加值，并形成循环发展模式。二是战略性新兴产业培育壮大计划。主要是围绕新兴产业链完善创新链，构建产业技术创新体系，培育一批引领战略性新兴产业发展的骨干龙头企业，培育新动能、催生新业态、发展新产业。三是科技创新能力提升计划。主要是确立企业技术创新主体地位，提升高校和科研机构自主创新能力与协同创新能力，聚焦传统特色产业和新兴产业关键共性技术难题组织开展重大科技攻关。

2. 五大工程

一是科技型企业培育工程。充分发挥企业在科技创新中的主体作用，打造以科技型中小企业、科技“小巨人”企业和高新技术企业为骨干的企业创新梯队，促进创新资源向企业集聚，激发企业创新内生动力，围绕企业创新全链条需求，打造“苗圃—孵化器—加速器—产业园”四级孵化体系。二是创新人才聚集工程。充分发挥人才在科技创新中的支撑作用，建设高端人才梯队，大力引进国内外高端人才和创新团队；培养一支具有强烈创新意识的企业家队伍，打造本土化创新创业人才梯队；推动高校、科研院所与企业间人才双向流动。三是创新平台建设工程。促进自治区重点产业研发平台的优化布局和功能升级，加快组建产业技术研究机构，积极创建示范性国家技术转移机构，加快建设各类市场化的技术转移中介服务机构。四是知识产权创造工程。培育拥有核心技术的专利优势企业，实现科技型企业消除“零”专利、高新技术企业消除“零”发明专利目标。五是对外合作拓展工程。进一步加强与国内科技强省、大院大所、国家自主创新示范区以及欧美等发达国家的科技交流合作，继续推进中阿技术转移中心及各国分中心建设。

3. 六项改革

一是科技体制机制创新改革。重点是赋予7大园区（基地）地级市经济管理权限和相关行政管理权限，试行“园内事园内办”；对引进的科研机构允许办理独立灵活的事业机构编制代码，建立公开统一的科技管理平台。二是科技经济融合创新改革。重点是建立主要由市场决定技术创新项目和经费分配、成果评价的机制，打通科技立项“最初一公里”和成果转化“最后一公里”；推动政府经济工作和科技工作体制机制融合，实现同研究、同部署、同推进、同检查、同考核；加强科技管理部门职能建设，强化科技综合协调和宏观管理职能，有条件的市县区探索实行职能有机统一的大部门制。三是人才激励机制创新改革。重点是建立以能力和贡献为导向的人才激励机制，开展科技成果收益权改革，对创新人才和创新企业家进行激励；完善以能力、业绩和贡献为导向的人才评价体系。四是财税金融制度创新改革。重点是建立健全符合科研规律和企业发展的科技项目财政资金投入机制；构建以财政科技投入为引导，银行贷款、科技保险和风险投资等贷保投联动机制；促进支持创新创业的各类税收优惠政策落地。五是企业发展机制创新改革。重点是健全国有企业技术创新考核制度，将反映科技创新活动和绩效的指标纳入对国有企业领导的评价考核与问责范围；鼓励和引导科技型中小企业建立现代企业法人治理结构。六是园区与区域联动发展创新改革。重点是支持7大园区（基地）建立“一区多园”或“一园多区”发展机制，打破行政区划界线，推动“4+1”主体之间形成科技创新资源高效利用和区域协同创新机制。

四、沿黄试验区建设基础与存在问题

（一）发展基础

1. 产业基础良好

沿黄试验区所辖七个园区是全区重要的特色优势产业、高新技术产业和战略性新兴产业集聚区，是国家重要的产业基地和承接产业转移示范区。截至 2017 年 11 月，沿黄试验区正式入驻企业 1916 家，其中正常运营的有 1835 多家。2016 年，沿黄试验区所辖区域（不含中卫中关村产业园）完成工业总产值 2376 亿元，实现工业销售产值 2309.7 亿元，主营业务收入 2287.4 亿元，分别占全区 31 个工业园区总量的 57.5%、58.5%和 59.4%；实现税金总额 94.1 亿元，利润总额 115.18 亿元，分别占全区 31 个工业园区总量的 75.1%、76.9%。近几年，沿黄试验区所辖区域产业发展持续向好，经济质量稳步提升，产业结构不断优化。

2. 创新资源集聚

沿黄试验区所辖区域创新资源相对丰富，在西部地区优势突出，拥有银川、石嘴山 2 个国家高新区，银川、石嘴山 2 个国家经济开发区。截至 2017 年 11 月，沿黄试验区共布局高新技术企业 55 家（2016 年数据），占全区的 71.4%；科技型中小企业 283 家，占全区的 52.0%；国家和自治区重点实验室 8 家、工程技术研究中心 10 家、工程实验室（研究中心）22 家、企业技术中心 57 家，分别占全区总数的 25.8%、21.7%、72%和 79%；自治区级以上科技企业孵化器 7 家，占全区的 58.3%，孵化面积共计 35.1 万平方米。2017 年沿黄试验区 R&D（研究与试验发展）经费预计支出约 27 亿元，占全区的 77.2%。

3. 创新人才富集

沿黄试验区科技人力资源相对富集，蕴含着巨大的创新潜力和发展后劲。2016 年，沿黄试验区所辖园区拥有 R&D 活动人员 4880 人,占全区规模以上工业企业 R&D 活动人员 48.3%，其中具有大学本科以上学历的有 4212 人，占该区域 R&D 活动人员总数的 86.5%；每万人拥有 R&D 活动人员 19.5 人年，明显高于全区 13.6 人年的平均水平；拥有自治区科技创新团队 34 个，占全区的 44%。2016 年共申请专利 1383 件，其中发明专利 402 件，分别占全区总量的 22.5%、16.2%。

（二）存在问题

1. 辐射带动能力弱

尽管沿黄试验区是宁夏创新要素富集、产业集聚度高、发展特色鲜明的经济建设核心地带，但相对落后的客观现实使其吸引辐射带动周边地区的能力有限。沿黄试验区 R&D 投入强度虽略高于全区平均水平，但除银川经开区外（2017 年预计 3.5%），其他核心园区的 R&D 投入强度均低于全国平均水平，特别是财政 R&D 经费支出比重远低于西北平均水平。沿黄试验区高新技术企业和科技型中小企业数量少、质量不高，创新主体不活跃，七大园区的高新技术企业总数（55 家）甚至不到兰州高新区（2016 年达到 102 家）的一半。沿黄试验区万人有效发明专利拥有量即便到 2020 年按规划达到 5 件，仍比 2016 年全国万人有效发明专利拥有量 8 件要少得多。因此，沿黄试验区虽然在宁夏占有明显优势，但是与全国和周边地区比较起来差距依然较大，总体水平发展偏低，严重制约了试验区集聚、辐射和带动功能的充分发挥。

2. 协同创新程度低

沿黄试验区突破了行政区域的设置，七大核心园区布局于 5 个相对独立的行政个体，因此各个区域间基础设施互联互通和政策措施相互衔接至关重要。然而，宁夏沿黄城市带（或沿黄经济区）一体化进展缓慢，推进实效未获得突破性进展，资源、信息、人才、金融等互通有无的快速、高校通道尚未建立，没有形成协同联动的发展格局，影响了资源、科技、环境等组合优势的充分发挥，抑制了整体效益的实现。同时 7 大园区尚未建立“一区多园”或“一园多区”机制，难以在区域内部实现人才、资金、成果等科技资源的优势互补，政策、品牌、管理和先进经验的共有共享。

3. 目标实现难度大

沿黄试验区是国家区域建设中的特殊个体，规划范围广、建设时间短、无先例可借鉴，是改革创新领域的先行者，对发展形势的前瞻、研判，以及躲避风险的能力都提出了更高的要求，随着发展中不确定因素的增多，试验区建设将面临诸多不可预知的困难和挑战。根据《沿黄试验区总体方案》，沿黄试验区建设的核心指标几乎都要求在短短 5 年建设期内至少翻一番，特别是 R&D 投入强度要从 2015 年的 0.92%提高到 2020 年的 2.5%，需要政府和企业共同增加“真金白银”的投入，考虑到宁夏经济基础薄弱，规划目标的实现难度非常大。

五、对策与建议

（一）加快区域创新联动改革

一是强化区域协同创新。立足产业基础，跨区域整合创新政策与创新资源，以创新要素的优化配置与集聚流动促进产业合理分工，以点带面、试点示范，推动“4+1”主体之间形成园区合作、联合攻关、产业对接、成果转化、资源共享、市场一体化的科技创新资源高效利用机制。二是推进“一区多园”改革试点。在沿黄科技创新试验区内“4+1”主体要打破行政区划界线，推动和支持 7 大园区建立“一区多园”或“一园多区”机制，跨区域建立“飞地式”分区，促进区域资源和市场整合。各园区要面向区域共性问题，联合建设一批与区域产业结构调整相适应的创新平台，联合推出一批重大科技项目，联合组织科技攻关，联合申报国家重大科技项目和国际科技合作项目。三是加快区域一体化建设。“4+1”主体联合编制行业科技合作发展规划、发展区域性技术市场、举办科技服务交流活动、创新科技金融融合方式，促进区域性科技资源共建共享。

（二）建立高效工作推进机制

一是建立分级负责机制。明确自治区和“4+1”主体各自责任，即自治区主要负有顶层设计、统筹协调、资源配置和督查考核等主导责任，“4+1”主体主要负有各自试验区建设方案制定、建设任务落实等主建责任。二是建立多方共建机制。将沿黄试验区建设作为自治区与科技部会商的固定内容，加强与东部科技强省和大院名校合作共建，吸纳并利用好国家和外省创新资源。“4+1”主体积极争取区内外各方支持，形成良好的协同共建机制。三是建立督查考核机制。根据自治区主导责任和“4+1”主体主建责任建立两级责任清单和年度、中长期考核台账，制定考核办法，量化考核指标，公开考核结果。同时建立追责清单，明确追责程序及责罚标准，对未完成任务的责任主体严格进行追责。

（三）增强科技创新支撑能力

一是建设高端人才梯队。重点围绕自治区主导产业和特色优势产业发展需要，建立科技人才引入和流动机制。吸引重大项目和高新企业在沿黄试验区落地，面向全球引进首席科学家等一批高层次创新创业人才，开展企业首席技术官岗位配额制试点。二是积极打造创新平台。围绕自治区重点产业创新平台的优化布局和功能升级，全面提升现有各类重点（工程）实验室、工程（技术）研究中心、企业技术中心等平台建设、运行和管理水平。积极探索科技创新平台建设新模式，支持“4+1”主体建设自治区产业技术研究机构。三是建立创新创业服务体系。支持各类科技企业利用资本市场融资，支持科研人员以技术、专利等作价创办科技型企业或科技服务机构。加快各种新型科技企业孵化器建设，完善第三方运行、业务外包等新型运行机制。

（四）培育形成特色创新集群

一是强化企业技术创新能力建设。推进构建以企业为主体的技术创新战略联盟，充分激发企业创新的内生动力，通过引导民间资本投资兴办、对现有企业进行科技嫁接改造、加大引进科技型企业力度以及鼓励大中型企业延长产业链等多种方式，大力培育引进科技型企业。二是鼓励企业加大创新投入，引导各类创新资源向企业聚集，引进消化吸收再创新、实用技术创新和创新成果转化应用，加速科技投入成果化、科研成果效益化。三是支持产学研协同创新。坚持需求导向和产业化方向，探索多形式协同创新模式，深化产学研、大中小企业配套协作，促进产业链和创新链深度融合，在精细化工、3D 打印、智能制造、云计算和电子信息、新材料、现代纺织、生物医药、民族特色食品用品等产业领域实现新突破。

（五）打造风生水起创新生态

一是深化科技管理体制改革。以“放管服”改革为重点，逐步建立专业机构管理项目机制。完善科技项目绩效评价和科技报告制度，探索建立科研项目尽职免责制度，扩大专业评价机构参与度。建立相对宽松的科研经费管理机制。优化改进科技计划管理流程，减少对科研项目的直接干预。二是创新财政资金支持方式。发挥财政资金“四两拨千斤”作用，强化市场功能，带动社会和民间资本投入，充分调动各方面参与创新的积极性，汇聚创新创造合力。三是营造创新创业社会环境。举办各种类型的创新创业大赛和各类宣传造势活动，大力弘扬崇尚科学、鼓励创新、宽容失败、开放包容的社会风尚，形成创新氛围日益深厚、创新潜能持续激发的创新生态。

宁夏打造西部地区转型发展先行区研究

段庆林

宁夏第十二次党代会提出“打造西部地区转型发展先行区”的目标，但目前还很少对此做出详尽的阐释。所谓转型发展是指经济增长方式从依靠资源消耗、投资拉动的传统增长模式向依靠技术进步、效率提高的现代增长模式的转变，当然也包括经济体制的改革、经济结构的升级以及支柱产业的替换，是地区经济发生的一个由量变到质变的过程。特别是在创新、协调、绿色、开放、共享的新发展理念引导下，努力提高经济发展的质量与效益，促进社会和谐、生态文明等全面转型发展。

2010年西部大开发工作会议提出以培育特色优势产业为龙头，加快构建现代产业体系，使西部地区资源优势转变为经济优势。建立现代产业体系，是转变经济发展方式的根本体现。十九大报告中提出，建设现代化经济体系，现代产业体系是现代化经济体系的核心。自治区党委、政府提出打造中国西部地区转型发展先行区，就是要充分贯彻新发展理念，抓住“中国制造2025”等产业转型升级机遇，积极推进供给侧结构性改革，坚持高端化、智能化、绿色化发展方向，实现宁夏经济繁荣、民族团结、环境优美、人民富裕的目标。

一、现代产业体系的基本特征

现代产业体系是指以高科技含量、高附加值、低能耗、低污染的产业群为核心，以技术、人才、资本、信息等高效运转的产业辅助系统为支撑，以环境优美、基础设施完备、社会保障有力、市场秩序良好的产业发展环境为依托，具有创新性、开放性、融合性、集聚性和可持续性特征的新型产业体系。

现代产业体系是指现代元素比较显著的产业构成。在经济发达国家，现代产业体系主要指现代服务业发展比较充分的产业构成，一般情况下现代服务业要占其 GDP 的 70%左右。而在发展中国家，现代产业体系主要指工业化进程比较健康的产业构成，一般指工业增加值占 GDP 的 50%左右、第三产业所占比重稳定上升的产业构成。中国现代产业体系，必须建立在社会主义初级阶段基本国情之上，强调发展实体经济和先进制造业。

宁夏第十二次党代会提出，着力推进产业转型发展，要坚持高端化、智能化、绿色化发展方向。判断传统产业体系和现代产业体系区别的依据是(见表 1)：

第一个标准是看经济增长的驱动力是什么。传统产业体系是以资金、资源大规模投入为特征，强调经济高增长速度，不惜污染环境，造成资源消耗压力过大，走外向型粗放增长道路。现代产业体系是以技术进步和效率提高为主来促进经济增长，更加强调可持续发展，强调建设资源节约型社会和环境友好型社会，走新型工业化道路。

第二个标准是看发展目标是什么。传统产业体系将工业化与农业、服务业发展对立起来，强调城市工业化，强调优先发展重化工业，造成二元经济结构和畸形的产业结构。现代产业体系是在城乡统筹发展、产业协调发展基础上来发展工业化，以信息化来改造传统产业，大力发展生产性服务业，农业、工业、服务业相互融合、相互促进。

第三个标准是看产业结构高级化程度。判断产业结构高度化，可以采用三次产业比例、工业加工程度、技术密集型集约化程度、新兴产业比重、基础产业超前系数、环保产业指标等方法。虽然三次产业比例可以在一定程度可以反映产业发展规律，但第三产业内部既有政府部门，也有生活服务业等传统产业，不可一概而论第三产业为主体就是现代产业体系。也可以从研发产业和营销产业占全部产业的比例来判断，但横向产业结构往往缺乏统计数据支持。我们一般采用以技术密集型产业比重来判断，并参考新兴产业增加值占 GDP 的比重来判断。

表 1　产业体系比较

	传统产业体系	现代产业体系
生产要素	以传统生产要素为主：土地、劳动力、矿产资源、资本等	以新生产要素为主：显性知识、隐性知识、高新技术
技术	以传统通用技术为基础：蒸汽机、火车、电力、冶炼等技术	以高新技术为基础：信息技术、生物技术、低碳技术等
主导产业	大机器工业、重化工业	先进制造业、现代服务业
企业组织	全职能的公司、工厂，科层化	模块化、跨国公司、总部经济
产业关系	产业间排斥对立关系	产业融合、产业集群，一体化，服务外包
体系的特点	高投资、高污染、高资源消耗、封闭性，	可持续性、开放性、融合性、创新性，市场适应性
工业化道路	传统工业化道路 外延扩张粗放增长道路	新型工业化道路 内涵集约化增长道路
增长理论	哈德罗—多玛增长模型 依靠资本积累、资源消耗	新增长理论的内生增长理论 依靠技术进步、效率提高(信息化)
社会形态	工业社会	信息社会、低碳社会

二、宁夏产业转型发展现状

改革开放以来，宁夏产业结构不断优化，产业发展大概经历了四个阶段：

1978—1991 年的放权让利改革时期，宁夏以内迁为主的国有工业受到东部沿海地区企业的竞争，乡镇企业、民营经济开始发展，工业化率从

43%降低到32.2%，第三产业比重从25.62%提高到36.4%。

1992—2001年市场经济体制建立时期，高耗能产业发展迅速，宁夏工业化率在1992年改革开放浪潮中比重提高到1995年的36.2%，随亚洲金融危机影响而降低到2001年的31.7%。宁夏第三产业比重继续提高到2001年的45%。

2002—2012年的高速工业化时期。宁夏强调发展特色优势产业，由于以煤炭及重化工业、羊绒工业等为主的大工业建设，工业化率迅速提高到2008年的42.1%，而第三产业比重却降低到39.4%。宁夏第一产业比重进入新世纪后才开始显著降低，从1999年的18.2%降低到2012年的8.1%。

2013年至今，是经济新常态时期。煤炭价格暴跌，部分重化工业产能过剩，工业化率从2013年的36.2%下降到2016年的331%。经济增长动力处于转换阶段，现代产业体系建设也有所发展。

宁夏产业体系建设基本特征如下：

（一）以大中型企业为主的先进制造业初步建立

2015年宁夏规模以上工业企业工业总产值中，大型企业占50.5%，中型企业占21.8%，小型企业占25.9%，微型企业占1.5%。宁夏大中型企业比重高于全国平均水平。前些年，宁夏实施“招大商”政策，积极与中央企业开展战略性合作，抓大放小，建大限小，打造产业“旗舰”。宁夏的煤炭、石油开采及煤化工、电力，钽铌铍镁等新材料，精密机床等装备制造业、羊绒等农副产品加工已经成为特色优势产业，并坚决淘汰落后产能，努力提高技术水平。

（二）三次产业格局基本协调发展

从世界来看，工业化率除苏联曾经超过50%，西德超过40%外，绝大多数国家低于40%，中国的第二产业比重过大。宁夏工业化率已经接近最高水平。宁夏过去工业发展滞后，而小省区的政府部门和事业建设相对超前，致使一度以第三产业为主，工业化率逐步降低。前些年，宁夏工业化、城镇化大发展，工业化率大幅度提高，第三产业暂时降低，也是正常现象。近几年国际经济危机对制造业打击较大，第三产业比重提高，并不能说明变化就合理。当然，宁夏第一产业从业人数比重较大，重工业占工业比重畸高，现代服务业发展不足，也是产业结构有待优化之处。

（三）特色优势产业集群初具雏形

宁夏积极发展特色优势产业，以能源、新型煤化工、新材料、装备制造业、特色农产品加工业和高新技术产业等产业为重点，建设宁东能源化工基地、银川高新技术开发区等工业园区。过去宁夏一些产业产品的产值在国际上占有较大比重，主要因为这些产业一般是国外和沿海地区都淘汰的资源消耗、环境污染严重的产业，我们不能以这种市场占有率为自豪。近些年，经过市场经济洗礼，宁夏过去的个别特色优势产业已经风光不再。

（四）产业集约化发展水平明显提高

随着信息化、工业化、城镇化快速发展，宁夏产业集约化水平逐步提高。宁夏已经在新型煤化工、纺织业等形成了产业集聚或集群，取得了一些规模效应。宁夏除了继续围绕特色优势产业延伸产业链之外，还需要积极发展战略性新兴产业，大力发展新一代电子信息产业，走“换道超车”之路。

（五）产业发展的支撑环境进一步改善

宁夏机场目前初步形成了以银川为中心,辐射全国各大城市的航线网络布局。支线沙坡头机场、固原机场早已通航。银川至西安、兰州、包头的高铁正在积极建设，开通银川至北京、西安、上海、广州等客运列车。建设了银川保税区、惠农陆路口岸、宁夏国际空港等平台。宁夏基础设施近年来得到显著改善，为宁夏现代产业发展奠定了基础。

三、宁夏地方化优势产业

为了寻找各地区具有比较优势的产业，我们引入了地方专业化指数

β_{ij}来计算。

$$\beta_{ij}=(q_{ij}/q_j)/(q_i/q)$$

式中，q_{ij}表示地区 j 的产业 i 的产值，$q_j=\sum_{j=1}^{m} q_{ij}$是地区 j 的全部工业产值，$q_i=\sum_{i=1}^{n} q_{ij}$是产业 i 的全国总产值，$q=\sum_{i=1}^{n}\sum_{j=1}^{m} q_{ij}$是全国工业总产值。因此分子是地区 j 的产业 i 占该地区工业的份额，分母是全国产业 i 占全国工业总产值的份额。β_{ij}可以测度该地区的生产结构与全国平均水平之间的差异，从而评价该地区的专业化水平。地方专业化指数（区位商）是指一个地区特定部门的产值在地区工业总产值中所占的比重，与全国该部门产值在全国工业总产值中所占比重之间的比值，区位商大于 1，可以认为该产业具有比较优势，即“地方化优势”。

地方化优势产业应该满足两个标准：一是某地区某产业的地方专业化指数必须高于 1，指数越大说明比较优势越强。二是该地区某产业的市场占有率一般应高于全国平均水平。

我们利用宁夏统计年鉴和全国统计年鉴的 2015 年数据，由于缺乏全国规模以上分行业工业总产值数据，我们用主营业务收入计算了专业化指数，以规模以上工业企业主营业务收入来计算市场占有率。其中市场占有率应该高于 3.3%（=100/30 省区市 × 100%）。

得出结论，2015 年宁夏地方化优势产业是，石油加工、炼焦及核燃料加工业，煤炭开采和洗选业，燃气生产和供应业，电力、热力的生产和供应业，食品制造业，纺织业，有色金属冶炼及压延加工业，化学原料及化学制品制造业，水的生产和供应业，黑色金属冶炼及压延加工业等 10 个行业（见表 2）。

宁夏特色优势产业，煤电化依然是主导产业，尤其是在煤炭价格影响下，化学工业比重上升。电力、燃气及水的生产和供应业的比重上升，也可能是自然垄断地位的体现。宁夏食品工业具有比较优势，还有在羊绒、枸杞、葡萄酒、马铃薯等特色农产品加工方面也具有全国影响。宁夏纺织业具有比较优势，但装备制造业在纺织服装行业还比重较小。宁夏装备制造业有小巨人机床有限公司等高技术企业，但在全国还不具备比较优势。前几年在全国具有比较优势的医药产业、造纸产业、橡胶制品业，现在已经丧失比较优势。宁夏产业缺乏规模优势，即使具有比较优势的产业，在全国的比重也较低。

表 2　宁夏地方化优势产业(2015 年)

	专业化指数（区位商）	市场占有率 %
总计	—	0.313
采矿业	2.117	0.662
煤炭开采和洗选业	4.466	1.397
石油和天然气开采业	0.143	0.045
黑色金属矿采选业	0.414	0.130
非金属矿采选业	0.079	0.025
制造业	0.785	0.246
农副食品加工业	0.623	0.195
食品制造业	2.000	0.626
酒、饮料和精制茶制造业	0.594	0.186
烟草制造业	0.588	0.184
纺织业	1.973	0.617
纺织服装、服饰业	0.046	0.014
皮革、毛皮、羽毛及其制品和制鞋业	0.219	0.068
木材加工竹、藤、棕、草制品业	0.144	0.045
家具制造业	0.249	0.078
造纸及纸制品业	0.450	0.141
印刷和记录媒介复制业	0.405	0.127
文教、工美、体育和娱乐用品制造业	0.248	0.078
石油加工、炼焦和核燃料加工业	4.573	1.431
化学原料及化学制品制造业	1.378	0.431
医药制造业	0.455	0.142
橡胶和塑料制品业	0.311	0.097

续表

	专业化指数（区位商）	市场占有率 %
非金属矿物质制品业	0.627	0.196
黑色金属冶炼及压延加工业	1.178	0.369
有色金属冶炼及压延加工业	1.949	0.610
金属制品业	0.287	0.090
通用设备制造业	0.403	0.126
专用设备制造业	0.330	0.103
汽车制造业	0.009	0.003
铁路、船舶、航空航天和其他运输设备制造业	0.016	0.005
电气机械及器材制造业	0.323	0.101
仪器仪表制造业	0.332	0.104
其他制造业	0.909	0.284
废弃资源综合利用业	0.676	0.212
电力、燃气及水的生产和供应业	3.384	1.059
电力、热力的生产和供应业	3.445	1.078
燃气生产和供应业	3.453	1.080
水的生产和供应业	1.374	0.430

资料来源：根据《2016 中国统计年鉴》《宁夏统计年鉴 2016》数据计算。

四、宁夏产业体系转型发展问题分析

宁夏主导产业的选择，2008 年自治区政府提出发展“五优一新”产业，即能源、化工、新材料、装备制造业、特色农产品加工产业 5 个优势产业和高新技术产业。2017 年 4 月，自治区政府发布的《宁夏回族自治区“十三五”工业发展及两化融合发展规划》提出，做优做强现代煤化工、现代纺织、葡萄酒、特色食品及用品产业等四大主导产业，打造全区工业增长主阵地。2017 年 7 月，发布的《宁夏回族自治区战略性新兴产业发展“十三五”规划》提出，突破发展新能源产业、新材料产业、先进装备制造业三大优势产业，大力培育生物工程、节能环保、新一代信息技术、数字创意四大潜力产业。依托产业基础和特色优势，培育七大产业集群，加快培育经济增长新动能，促进全区产业转型升级。我们认为四大主导产业还是有些单薄，葡萄酒产业、特色食品及用品产业能否成为主导产业还需要观察。

宁夏现代产业体系由主导产业、潜导产业、高竞争性产业、基础产业、支撑服务体系构成（见图1）。

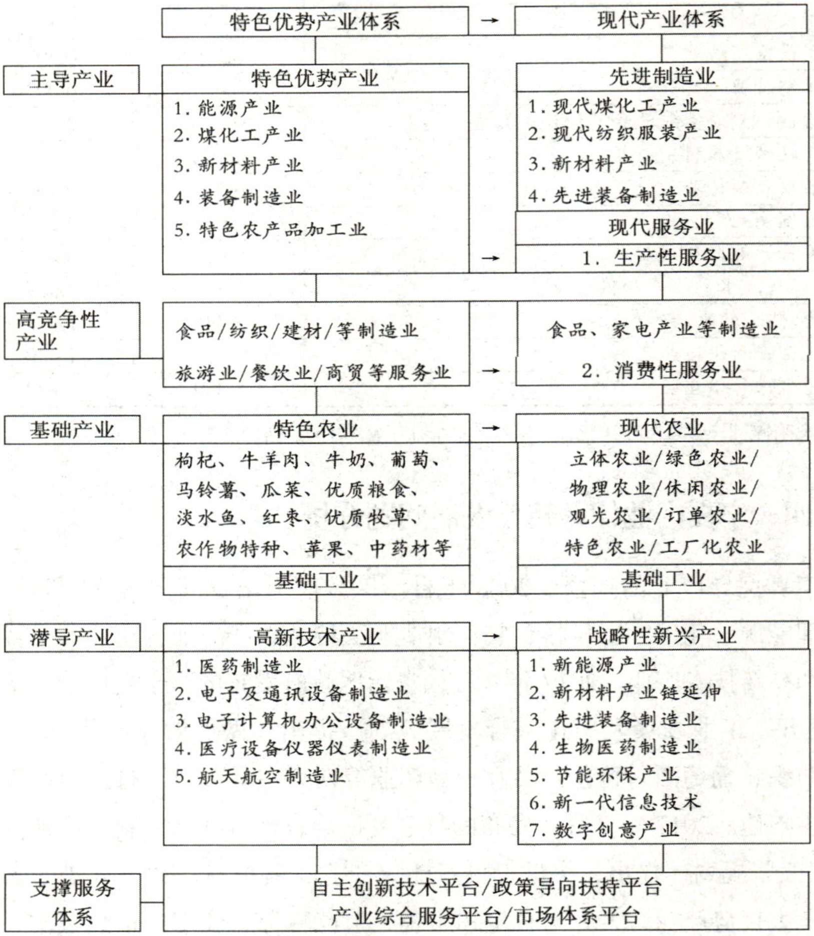

图1　宁夏特色产业体系与现代产业体系结构

我们提出从先进制造业和生产性服务业中选择主导产业。先进制造业是不断吸收高新科学技术和现代管理知识，综合应用于制造业产品的研发设计、生产制造、在线检测、营销服务和管理的全过程，实现优质、高效、低耗、清洁、灵活生产，即实现信息化、自动化、智能化、柔性化、生态化生产，取得良好经济社会和市场效果的制造业总称。我们在优势产业中进一步选择在全国具有一定技术优势和市场优势的细分行业作为先进制造业。我们选择新型煤化工、新材料产业、现代纺织服装产业、先进装备制造业等做为主导产业。这四大主导产业在宁夏经济中占有较大比重，且未来具有较大发展前景。

现代服务业是以信息技术和现代管理知识为主要支撑，以相对高度专业化分工为表现的知识密集型服务业。经合组织（OECD）曾将第三产业划分为传统服务业和现代服务业，现代服务业包括信息、金融、教育、专业技术、健康保健服务业五个大类。世贸组织的服务业分类标准界定了现代服务业的九大分类，即：商业服务，电讯服务，建筑及有关工程服务，教育服务，环境服务，金融服务，健康与社会服务，与旅游有关的服务，娱乐、文化与体育服务。美国经济学家格林福尔德提出的生产性服务业，是直接或间接为生产和经营活动以及政府管理提供中间服务的非最终消费服务，是企业服务生产的外部化和市场化。国家统计局一般将信息、金融、商务、技术、交通运输（物流业）等服务业作为生产性服务业。生产性服务业是现代服务业的主导。由于消费性服务业难以分清其现代与传统成分，我们一般以生产性服务业代替现代服务业。现代服务业特别是生产性服务业是现代产业体系的主要构成，我国现代服务业仍然是处于非主导地位，服务业主体化是现代产业体系的主要特征。宁夏目前先进制造业和生产性服务业占 GDP 比重还不高。之所以没有考虑目前占 GDP 比重等因素，就是强调现代产业体系的理念，更加注重未来可持续发展。

五、宁夏打造西部地区转型发展先行区的政策建议

宁夏第十二次党代会提出实施传统产业提升工程、特色产业品牌工程、新兴产业提速工程、现代服务业提档工程等四大工程，为宁夏打造西部地区转型发展先行区指明了方向。

（一）实施传统产业提升工程

积极推进供给侧结构性改革。深化“放管服”改革，强化市场在资源配置中的决定性作用，积极完成“三去一降一补”任务。加快淘汰电石、铁合金等高污染高耗能的落后产能，引导钢铁、水泥、电解铝等企业输出产能，促进水泥、焦炭等产品升级，重点改造提升煤炭、电力、有色、机械、建材等传统产业。

加快宁东能源化工基地建设。第十二次党代会提出把宁东基地建成“技术领先、行业领军、世界一流的国家级现代煤化工基地”。宁东基地是国家重要的大型煤炭生产基地、“西电东送”火电基地、煤化工产业基地和循环经济示范区。经过十多年建设，已经建成了世界首个100万千瓦超超临界空冷电站，世界第一个600千伏电压等级直流电工程，建成世界首套年产50万吨煤基烯烃、50万吨甲醇烯烃和60万吨MTO项目。建成全球单套规模最大的400万吨煤炭间接液化项目等。宁夏过去曾经以传统煤化工产业为主，而现代新型煤化工以煤气化液化为核心技术，应积极加快发展煤制油、煤基烯烃、煤制芳烃和煤制乙二醇等现代煤化工产业，积极延长现代新型煤化工产业链，并积极与石油化工互补，向精细化、高端化、集群化方向发展，重点开发高端的聚丙烯和聚乙烯，打造高端塑料全产业链。

推进宁夏东北部（石嘴山—宁东）老工业城市和资源型城市产业转型升级示范区建设。石嘴山市是资源型老工业城市，过份畸能畸重的产业结构，使得近年来石嘴山市产业转型升级步履艰难，要积极探索煤炭等传统

优势产业改造升级和延伸产业链，以及加快新材料、先进装备制造、新能源等新兴产业发展的有效途径。依托宁东基地、石嘴山市等地园区，积极延伸壮大现代能源化工产业，做优做强新材料产业。

积极改造提升工业园区。目前宁夏24个工业园区工业总产值占全区规模以上工业总产值的约68%。工业布局的园区化，有利于土地等基础设施的集约利用，也有利于产业集群发展。但前些年一些园区无序竞争，近些年一些园区产业破败，应该加快产业园区的合并整治提高，加快园区基础设施改造，清理破产企业，积极建设产业集群特色园区。建设低成本园区，积极深化改革，降低园区企业电力、蒸汽、物流、土地等要素成本。建设生态工业园区，通过循环经济，延长产业链，实现减量化和零排放。

积极对标国际国内先进标准。瞄准全球同行业一流企业最高水准，在技术装备、节能降耗、产品质量、生产效率和管理水平等方面进行全面对标，围绕重点企业，实施工业企业重大技术改造项目。加大技改投入，用新技术新业态改造传统产业，打造一批在细分市场领先的单项冠军和名牌产品。

（二）实施特色产业品牌工程

把工业名牌作为产业品牌工程重点。宁夏特色产业品牌工程绝非仅仅局限于农业领域。过去宁夏工业主要是基础工业，以作为原材料的中间产品为主，不够重视面向消费品市场的工业名牌建设。虽然截至2017年“宁夏名牌”总数已经达到218个，但宁夏品牌的地域性较强，在全国知名度不高。宁夏品牌建设还面临两大劣势，一是本地市场狭小，二是资源量小，使得宁夏企业很难做大做强。必须充分利用国际国内两种资源两个市场，充分发挥科技和质量优势，为“宁夏制造”奠定基础。要弘扬企业家精神和“工匠”精神，精益求精，专业化生产。积极加强全产业链管理，在注重制造环节之外，更加注重科研、设计和市场营销网络环节。

巩固发展农产品名牌。积极巩固“中国枸杞之乡”“中国滩羊之乡”

“中国甘草之乡”“中国硒砂瓜之乡”“中国马铃薯之乡”等荣誉，提高产品品质，扩大供给规模。加强地理标志保护，充分利用气候土壤等优势，建设贺兰山东麓葡萄长廊，发展宁南山区道地药材种植，加强中宁枸杞等地理标志保护。积极围绕优质粮食、现代畜牧、枸杞、红枣、瓜菜等特色农业，打造更多的农产品名牌。

打造优质服务品牌。服务品牌已经成为品牌的有机部分，体现着劳务的价值、质量和信誉，更体现了企业文化。应该树立以客户满意为中心的思想，积极开展金融、物流、科技、商贸、餐饮等行业和企业品牌创建活动，以真诚、专业、高端的服务赢得客户的良好体验。

（三）实施新兴产业提速工程

战略性新兴产业可以划分为潜导、战略和新兴三个产业层面。潜导产业一般需求弹性大，分工链条长，可以带动一大批相关产业的发展，也能提升我国工业体系和产业体系的深度和广度，如新兴制造业和深加工装备制造业等。战略产业包括航空航天、卫星和海洋产业以及新能源产业，是未来提高我国在国际上具有竞争优势的产业。新兴产业包括智能化技术、新材料和3G以及电动汽车等，物联网既属于战略产业也属于新兴产业。结合宁夏实际，我们提出以下建议：

实施创新驱动战略。积极贯彻《自治区党委、人民政府关于推进创新驱动战略的实施意见》，加速构建以产业创新为基础，以科技创新为核心的区域特色创新发展格局。宁夏自主创新能力有限，应该强调主导产业核心技术的引进消化吸收再创新。应该走开放创新之路，加强与东部科技强省、国内外科研院所、科技型企业的合作，实现“科技支宁”，打造东西部科技合作样板。加强从美欧日韩等发达国家的技术和设备的引进。坚持以企业为主体的创新地位，引导企业逐步加大创新投入，大力培育科技型龙头企业，加快科技成果转化。积极营造创新生态，把宁夏沿黄科技创新改革试验区建设成为创新驱动发展的核心区和先导区。努力促进经济动力的转换。

实施《中国制造2025宁夏行动纲要》。重点培育发展新一代信息技术、先进装备制造、新材料、现代煤化工、现代纺织、特色食品及用品、生物工程、节能环保八大优势战略产业，加快构建新型制造业体系，实现由资源依赖型经济向创新驱动型经济转变。八大优势战略产业是特色优势产业与战略性新兴产业的糅合，近期宁夏立足于生产型制造、发展实体经济是现实选择。依托银川、灵武、吴忠轻纺产业带，积极打造原料—纱线—面料—服装的全产业链纺织工业体系。依托贺兰、吴忠、固原等地园区，积极提升特色优势农产品加工产业。

着力推进“两化”深度融合。新一代信息技术与制造业深度融合，正在引发影响深远的产业变革。我们必须走新型工业化道路，把智能制造作为“两化”深度融合的主攻方向，以数字化、网络化、智能化技术改造传统产业。支持“互联网+”制造业创新发展，建设智能工厂和数字化车间。应该依托石嘴山、银川、吴忠，大力发展智能仪器仪表、高端铸造、高档数控机床、工业机器人、电工电气等高端装备制造业。依托银川iBi育成中心、中卫的云计算产业基地等，培育壮大电子信息制造业。

（四）实施现代服务业提档工程

先进制造业和现代服务业之间的产业融合与专业化分工，是当前国际经济发展的主要潮流和趋势，是转变经济发展模式的主要抓手。

一是要处理好推进工业化与发展服务业的关系。工业化是发展服务业的基础，要把发展先进制造业作为工业化重点。生产性服务业本来就是为制造业服务的，尤其是消费性服务业更加注重人力资本投资，公共服务业也是制度创新和法治环境的保障。发展现代服务业，以信息化促工业化，以工业化促信息化，将会大大提高工业化效率。后工业化被称为“服务业—工业化”，服务业与制造业的产业融合已经成为大势所趋。服务业与制造业产业融合的形式，包括企业中两种业务的纵向整合，还有制造业外购服务业产品。制造业增加值中服务业务创造价值比重越来越高。宁夏部分地区已经开始从工业化中期向工业化后期过渡，应该积极提高服务业对制造业的贡献率。

二是要积极培育现代服务业龙头企业。由于服务业过去许多是属于事业单位，受体制和市场制约，宁夏缺乏大型服务业企业，应该通过体制改革来组建大型服务业企业或企业集团，促进规模化、品牌化、网络化。要积极培育服务业市场主体，加强本地区域性特色服务业发展，积极引进区外服务业企业。要建立政策促进体系，增加对服务业发展的资金支持。加快全域旅游示范区建设，打造“一核两带三廊七板块”全域旅游空间新格局，建设西部独具特色的旅游目的地。放宽文化产业政策，挖掘文化资源，保护非物质文化遗产，培养一批面向国际、国内文化消费市场的骨干企业，建设文化强区。积极完善现代物流体系，建设好银川保税区、银川国际航空港、惠农陆路口岸等平台，加快与西安、兰州、包头等周边地区高铁建设，加强物流信息、仓储等建设。实施“引金入宁”计划，促进现代金融服务于实体经济，应对金融风险，积极培育多层次资本市场。

国际金融危机对中国经济的冲击，表面上是对经济增速的冲击，实质上是对发展方式的冲击。中国转变经济发展方式刻不容缓，转变中国经济发展方式已经成为决定中国命运的重大决策，成为我国经济发展的新战略、新主线和新任务。宁夏提出打造中国西部地区转型发展先行区，必须全面把握十八大以来党中央治国理政新理念新思想新战略的基本内涵，紧密结合宁夏区情实际，实现宁夏经济繁荣，也需要促进社会转型，加强生态文明建设，以五大发展理念促进全面转型发展，与全国同步建成全面小康社会。

论宁夏创新驱动发展的捷径

杨旭东　王　娟

一、引　言

党的十九大报告指出，经过长期努力，中国特色社会主义进入了新时代，这是我国发展新的历史方向；在新时代，党和国家的主要任务是决胜全面建成小康社会、开启全面建设社会主义现代化国家新征程。与此相适应，建设现代化经济体系成为我国发展的迫切要求和战略目标；创新则是引领发展的第一动力，是建设现代化经济体系的战略支撑。宁夏第十二次党代会准确把握我国经济发展的大趋势，将创新驱动战略确立为宁夏经济发展的首要战略，强调“越是欠发达地区，越需要实施创新驱动。不创新就要被淘汰，不创新就要落伍、掉队”，同时指出：“宁夏的发展不足，从深层次看，主要是创新不足”，而原因又在于“宁夏创新资源短缺”。因此，提出了要“紧紧牵住科技创新这个牛鼻子”“以创新的思维探索创新驱动发展新路”这一重大要求。正是基于这一要求，本文就实现宁夏创新驱动发展的“捷径”这一问题进行分析探讨，并提出相应的政策建议。

作者简介：杨旭东，宁夏党校经济学教授，主要研究方向为区域经济、政治经济学；王娟，宁夏党校经济学副教授，主要研究方向为产业经济学。

二、问题与短板

近年来，经过不懈努力，宁夏科技创新有了较大进步，区域创新综合能力由2015年位居全国第28位，上升到2016年的第24位和2017年的第22位，[①]科技进步对经济增长的贡献率到“十二五”末达到49%。其特点，可用“六个明显”来概括，即科技研发及成果转化绩效明显提高，企业创新主体地位明显增强，创新平台与载体建设步伐明显加快，科技人才队伍建设明显加强，对外科技合作与交流水平明显提升，科技体制改革明显深入。[②]但是，必须清醒地看到，宁夏科技实力不强、支撑经济社会发展弱的问题依然突出，存在许多明显的问题和短板：

一是科技创新工作还未真正居于核心地位。许多市县（区）还没有把科技创新与经济发展同规划、同部署，没有与经济形势同分析、与年度绩效同考核。

二是科技投入强度明显不足。2015年全区R&D经费支出仅占GDP的0.88%，居全国第24位。

三是高层次创新人才短缺。全区人才总量62.5万人，人才密度低。仅能源化工、装备制造、新材料领域的人才缺口就近7万人。特别是“两院院士”“千人计划”等领军人才更是十分短缺，严重影响全区科技创新能力提升。

四是科技体制机制改革还需深化。全区科技创新资源“碎片化”、重复投入问题突出、统筹协调和整合集成不够。

五是科技与经济发展结合不够紧密。科技服务体系还不完善，科技供给数量不足、质量不高，科技成果转化渠道还不畅通，产学研协同创新层

---

①中国科技发展战略小组，中国科学院大学中国创新创业管理研究中心：《中国区域创新能力评价报告》，2017年11月25日发布。

②参见《宁夏科技创新“十三五”发展规划》。

次不高、深度不够，科技与经济“两张皮”现象依然突出。

六是企业科技创新主体地位作用发挥不够。科技型企业数量少，在国内外有较大影响力的高新技术企业更少，大部分企业存在“四少一低”现象，即科技投入少、科技创新平台少、科技创新人才少、科技成果数量少、科技研发水平低。2015 年全区 1178 家规模以上工业企业中大多数没有研发平台。

宁夏科技创新的短板问题可从表 1 中得到直观感受。特别是通过全社会 R&D 经费支出占 GDP 比重等几个具有可比性的指标比较中更能看出宁夏的不足。

表 1　宁夏 2015 年科技创新发展主要指标值

		宁　夏	全　国
人才与公民科学素养	人才密度(%)	9.4	11.1
	公民具备基本科学素质比例(%)	4.01	6.2
科技投入	全社会 R&D 经费支出占 GDP 比重(%)	0.88	2.0
	科技创新团队(个)	77	
科技基础设施与平台建设	科技基础设施和共享平台(个)	2–3	
	各类科技创新平台	340	
	科技企业孵化器(个)	11	
	有研发平台的企业占规上企业的比重(%)	<20	27.0
科技产出	科技进步贡献率(%)	49	55.1
	发明专利申请量绝对数(件)	2626	
	发明专利授权量绝对数(件)	442	
	万人发明专利拥有量(件/万人)	1.74	6.3
支撑发展	高新技术产业增加值占工业增加值比重(%)	7.5	11.8
	科技型中小企业数(家)	274	
	国家级高新技术企业数(家)	62	
	科技服务型企业(家)	200	

注:宁夏数据主要来源于《宁夏科技创新“十三五”发展规划》,其中“高新技术产业增加值占规模以上工业增加值比重”是根据有关数字计算而出的 2016 年数值;全国性数据来自于《2016 中国统计年鉴》及相关报告。

自治区第十二次党代会报告将宁夏科技创新不足的原因归结为“创新资源不足”，并指出主要表现在“三不上”，即以科技队伍为主体的创新人才不多，企业、社会和政府的创新投入不足，社会整体创新活力不强。显然，宁夏要走出一条实现创新驱动发展的“新路”，突破创新资源断缺的瓶颈限制就是前提和关键。

三、约束条件与现实局限

自治区第十二次党代会部署了宁夏未来五年的奋斗目标。在强调必须如期实现与全国同步建成全面小康社会的同时，还特别强调“打造西部地区转型发展先行区，实现经济繁荣”这个具有基础性意义的目标，并且指出实现这样的目标，不仅仅是追求总量和规模，还要更加注重效益、质量和活力，即让产业机构更加优化、竞争力显著增强、发展方式加快转变、质量效益明显提升。

这些目标要求，实际上提出了这样的命题或任务，即“在一个比较短的时期内实现较大程度的创新驱动发展”。由此，本质上规定了选择和确定宁夏创新驱动发展“新路”的两个约束条件，即“时间较短”和“程度较大”。

从这两个约束条件出发，宁夏实现创新驱动发展的路径，首先可做以下两个方面的排除：一是以整体突破为特征的科技创新驱动发展之路几乎可以完全排除。因为在以科技队伍为主体的创新人才不多、企业社会政府的创新投入不足和社会整体创新活力不强的创新资源短缺“三不”的背后，是经济实力不强、产业结构层次不高、配套协作能力较差、人均收入水平低下、远离经济中心和消费中心等客观现实。要改变这些，需久久为功，非经过长时期的努力而不能完成。二是以规模化的原创性技术重大突破为基础的科技创新驱动发展之路也可以完全排除。因为宁夏“三不”的创新资源短缺本身就否定了这种可能性。同时，宁夏在全国的分工与角色，也使宁夏不具备国家级科技创新中心的功能和地位。

其次，常规的科技创新驱动发展之路，从全局和长远来看，意义重大，需倍加支持和培育，但以“两个约束条件”来审视，仍然有一定的局限性。例如单纯的人才培养，正如俗话所说“十年树木，百年树人”，要受较长甚至很长的时间周期限制；单纯的人才引进，要受引入条件、合作团队、活动平台等因素限制；单纯的引进资金，要受投资方向、产品和技术选择以及人才、经营条件等因素限制；各类科技创新团队、科技创新平台，因其组织的非紧密性、利益的非一致性、精力的非集中性而产出效益较低；科技企业孵化器孵出的“小鸡”，一来均体量较小，难以产生规模效益，二来其成长性大多较差，一旦放之市场，三年以上的“存活率”不足10%；现有企业的科技创新，对技术革故鼎新、对产品推陈出新、对降低能耗物耗、对提质增效等有积极意义，但它是在即有产业框架内进行的，所以对产业结构优化升级作用有限；等等。

那么，路在何方？

四、路在脚下：大规模、高质量引进外部企业

遵循经济发展规律，借鉴国内外发展成功经验，按照发挥后发优势原则，从宁夏实际出发，我们认为，满足“时间较短”和“程度较大”两个约束条件，既能避开宁夏创新资源不足的短处，又能在不太长的时间内汇积起规模化的创新发展动能，走出一条实现宁夏创新驱动发展的新路特别是“捷径”，就是掀起新一轮、全面化、大规模、高质量的招商引资热潮。新一轮，就是在现有招商引资基础上，自治区党委、政府高层再出台一部适应新时代新要求的加强招商引资工作的指导性文件。全面化，就是以工业为重点，一二三产业全面开放，全面对外招商。大规模，就是全领域、全行业以“多多益善”为目标进行招商。高质量，就是从有利于推动宁夏产业转型发展出发，大力引进产品有市场、企业有利润、技术含量高、环境污染小的企业。其中，新一轮是指引，全面化是要求，大规模是目标，高质量是原则标准和基本前提。通过招商引资的捷径，将引进的企业作为

实现宁夏创新驱动发展的引领性力量甚至是主力军。

引进外来企业之所以是实现创新驱动发展的“捷径”，根本原因在于“企业”本身是包括创新资源在内的各种生产要素的聚合体。引进一家高质量的企业，意味着同时引进了高质量的资本、高质量的技术、高质量的人才、高质量的产品、高质量的盈利模式、高质量的营销网络以及有效益保证的市场等。对引进者而言，其时间周期之短暂、综合成本之低廉、配套条件之简单、质量效益之高大等等优势，是培育和使用其他创新驱动发展模式所不可比拟的。所以，通过招商引资，大规模、全面化引进高质量外来企业，对宁夏来说，既可立即解决或有效缓解投资、人才、技术短缺等这些迫在眉睫的短期性问题，又有利于在较短时间内从根本上解决以创新为动力的结构转型升级和发展方式转变等长期性问题，其巨大的意义和作用无可限量。

通过大规模引进外来企业，在较短时间内改变一国或一地区经济发展面貌的真理性，我们可以从一般经济理论总结出的关于落后国家或地区“后发优势”的规律中获得理性认知；可以从中国近40年通过对外开放引进外资来优化经济结构、实现创新发展的辉煌实践中找到答案；更可以从宁夏回族自治区成立以后、特别是改革开放以来宁夏经济社会发展取得的巨大历史性成就中得到直接感受。

宁夏回族自治区成立时，中央确定的宁夏经济工作指导方针是“以农牧业生产为主，适当发展农牧产品加工业”和“做好工业发展的准备”。此时的宁夏是典型的农业经济社会。上世纪60年代中期，宁夏作为国家“三线”建设的重点地区，搬迁来的一大批以先进制造业和基础工业为主的“外来企业”，在较短时间内一举改变了宁夏的经济面貌，到70年代末，在工农业总产值中，现代工业的比重已超过70%。改革开放以后，随着体制机制改革和政策的调整，原已缩小的与东部地区的差距又被重新拉大。针对这种情况，进入新世纪后，宁夏适应建立社会主义市场经济体制的要求，进一步加大改革开放力度，果断地引进中央企业等战略投资者，支持宁夏企业与之合作或支持这些企业独立在宁夏投资，创造了效应巨大的“宁夏模式”，同时引进大批民营企业。如在新型煤化工领域具有全国性标杆意义的神华宁煤集团，在先进装备制造领域具有引领性作用的共享集团、小巨人公司，在纺织领域位居全国十强的如意集团，在世界影响力日益增大的葡萄酒庄，在新经济领域引领潮流的云创公司、西部云基地公司、中关村云公司等等。在这些或独资、或合资、或占多数的“外来企业”的引领和推动下，宁夏的经济规模快速做大，产业结构不断优化，技术水平不断提高，使宁夏经济的许多领域在新中国历史上第一次有了真正的全国性地位和国家级意义。有关资料表明，近年来，作为宁夏经济发展结构最优、规模最大、效益最好的银川市，每年新登记注册的规模以上的工业企业和现代服务业企业，80%以上是由外来企业构成的。这充分证明了外来企业在推动宁夏经济创新发展中的特殊作用。

五、实施创新驱动政策建议

在上述认识和判断的基础上，我们认为在做好基础性、长期性创新驱动发展和鼓励支持现有企业转型升级等“存量”工作的同时，应更加重视做好招商引资和引进外来企业这些“增量”工作，以增量带动存量，以增量提升存量，切实走出一条宁夏经济创新发展的新路。为此，我们提出以下政策建议：

合理处理两个关系。一是在培育先发优势和利用后发优势的关系上，以充分利用和发挥后发优势为主。后发优势即学习、模仿、“拿来主义”的优势，具体表现为：在技术创新上，以引进、消化、吸收和再创新为主；在产业发展动能上，以引进外来企业为主。二是在改造存量和追加增量的关系上，以追加增量为主。即充分发挥投资对优化供给结构的关键性作用（十九大报告语），以引进外来企业为主的投资，推动经济结构优化转型，提高经济发展的质量和效益。

把招商引资放在更加重要的位置。改变目前把招商引资放在“助推”地位的观念，明确确立“招商引资（外来企业）是宁夏创新驱动发展的捷径和引领性力量”的定位。

提高招商引资标准，招好商。改变过去为增加经济总量而“拾到篮子都是菜”的招商观念，按照优化产业结构和转型发展要求去招商，按照高端化、智能化、绿色化的方向去招商，按照“专、精、特、新”的方向去招商，按照提高经济增长质量和效益这一中心去招商。

全面招商，突出重点。全面国内外招商，以国内招商为主；全面国有民营企业招商，以民营企业为主；全面三大产业招商，以先进制造业、轻工业和新兴服务业为主。

发挥市场决定性作用，同时更好发挥政府作用。招商和引进外来企业投资、经营、发展，归根结底由市场决定。但政府也发挥着重要作用。各级政府应高度重视此事，切实转变职能，理顺体制机制，优化政策措施，为外来企业进驻营造优良的营商环境。

鉴于招商引资、引进外部企业对促进宁夏实现创新驱动发展具有直接和巨大推动作用，所以应将各类直接、间接支持创新发展的资金主要用于引进外来企业上，以起到“四两拨千斤”的杠杆作用。

自治区党委、政府适时出台新的《关于进一步加强招商引资工作的意见》，根据新时代要求，围绕创新驱动发展这一主题，就招商引资、引进外来企业的工作作出新的部署、提出新的要求、制定新的政策和保障措施。

宁夏区域创新体系建设研究

王　宇

自治区第十二次党代会把创新驱动确立为引领宁夏未来发展的“三大战略”之首，提高区域创新能力、完善区域创新体系是实施创新驱动发展战略的重要任务。区域创新体系作为国家创新系统的延伸发展部分，是区域科技和经济发展的基石。宁夏加快建设充满活力的区域创新体系，是国民经济发展的有力支撑和坚实基础。

一、区域创新体系理论的内涵

区域创新体系（RIS）的概念来源于国家创新系统，是专家学者在研究城市和区域开发管理的过程中提出来的。在当今激烈的国际国内竞争背景下，区域竞争力的打造和可持续发展主要依托于区域的创新能力，区域创新能力的提高离不开健全、高效的区域创新体系。

（一）国外区域创新体系研究综述

最早提出区域创新系统概念的是英国学者库克教授（Cooker），他在《区域创新系统:全球化背景下区域政府管理的作用》一书中对区域创新系统进行了阐述，认为区域创新系统主要是由在地理上相互分工与关联的企业、研究机构和高等教育机构等构成的区域性组织体系，这种体系支持并产生创新。学者道拉乌科斯（Doloreux）认为区域创新体系理论的核心在于一个经济体的创新绩效依赖于公司和研究机构的创新能力，以及他们与公共机构之间的相互作用。从区域技术进化的角度阐释创新体系，更加强调隐性知识共享以及社会网络环境的嵌入，指出在区域创新体系内的知识关联往往是创新主体间非正式的、隐性知识的相互依存。德国学者弗朗兹（Franz）将区域创新系统定义为，“在一个区域内形成的独具特色的、与地区资源相关联并促进创新的制度组织网络”。实践表明，随着经济全球化和区域一体化双重趋势的不断增强，当今发达国家经济的主要驱动力来自创新性区域，因此区域创新能力日益成为国家和地区经济获得竞争优势的决定性因素。

（二）国内区域创新体系研究综述

我国从1996年起，开始研究区域创新系统。学者王缉慈认为，区域创新系统是指区域创新网络的各个节点（企业、高校、科研机构等）在协同作用中结网而创新，并融入到区域创新环境中而组成的系统。学者张忠德认为区域竞争力和可持续发展能力源于完善的区域创新系统，而产业集群在区域创新系统的形成完善中起着核心作用。产业集群是区域创新系统的重要载体，它促成了区域创新系统的雏形，营造了良好的区域创新氛围选择促进产业集群与区域创新系统相融合的发展政策；营造适宜于创新的环境，促进企业、金融机构、大学科研机构、中介机构的合作互动；建立共同学习的机制，完善区域创新系统，是未来区域经济发展的必然选择。要建立和完善区域创新系统，政府和中介机构在其中起了重要桥梁作用。而中国各地方政府在区域创新系统的作用是举足轻重的，既是创新活动规则制定者，也是区域创新活动的直接参与者。学者苏靖认为区域创新系统的构成主要有主体要素、功能要素及环境要素等，其中主体要素包括区域内的企业、大学、科研机构、中介服务机构和地方政府；功能要素包括制度创新、技术创新、管理创新和服务创新等；环境要素包括体制、机制、政府或法制调控、基础设施和保障条件等。学者王大洲认为，区域内的创新网络大多依赖于个人间的接触和非正式的联系，这些类型的网络关系给学习和创新带来了各种不同的机会。换言之，在区域创新系统中，空间、社会和文化的临近性非常有利于各种创新主体加强联系。区域创新网络是区域创新的主要形式。

到目前为止，由于各学者的研究视角不同，区域创新体系的定义仍未达成一致，但大多包含了四个方面内涵:第一，具有一定的地域空间范围，体现为各行为主体地理位置上的靠近。第二，区域创新体系中主要包括企业、高校、科研机构、中介机构、金融机构和政府等要素，这些要素是区域创新的主体。第三，主体之间通过互动关系，构成创新的组织和空间结构，从而形成一个有机动态的社会系统。第四，具有开放的边界。区域创新体系必须具有开放的边界，从而不断吸收对创新有利的因素。基于此，我们将区域创新体系定义可以界定为在一定区域范围内，为实现预定的创新发展目标，政府、企业、科研机构等主体，通过人才、资金、技术投入，推动制度、科技、管理等内容创新，不断优化环境、创新产品、提升产业而形成的创新主体相互转换、创新内容相互作用、创新投入相互支撑的系统。

二、加快建设宁夏区域创新体系的重要意义

（一）建设区域创新体系，是宁夏落实创新驱动发展战略的迫切需要

新世纪以来，全球科技创新呈现新的发展态势和特征，新一轮科技革命和产业变革加速推进。随着信息、生物、新能源、智能制造领域不断突破和相互融合，传统的区域经济增长态势被打破，技术和资本越来越向有个性和创新能力强的地区聚集，经济增长带有明显的区域性特征，区域竞争更加激烈。正是在这一背景下，习近平总书记视察宁夏时深刻指出，“越是欠发达地区，越需要实施创新驱动发展战略”。创新能力已成为地区

经济获取竞争优势的决定因素，各地区纷纷把区域创新体系建设作为提升竞争力的重要战略。因此，作为欠发达地区的宁夏，只有以建设区域创新体系为基础，发挥后发优势，提高区域创新能力，才能把创新驱动发展战略落到实处，从而应对新一轮科技革命带来的挑战。

（二）建设区域创新体系，是实现宁夏经济持续稳定增长的必然选择

多年来，宁夏的发展始终没有走出倚重倚能、产业链条短、产品技术含量低的局面，经济发展呈现出典型的投资拉动型特征，经济增长内生力严重不足。特别是随着宁夏资源环境刚性约束加剧和经济下行压力加大，要实现经济社会的可持续发展，关键是要提升区域创新能力，转换经济发展动力。区域创新体系是否强大，直接关系到区域经济和社会发展的速度、质量和效益。因此，只有抓住建设宁夏的区域创新体系的良好契机，用科技提升经济发展的内生力，才能实现宁夏经济的快速稳定增长，进而实现自治区的经济发展目标。

（三）建设区域创新体系，是宁夏与全国同步建成全面小康社会的重要保障

宁夏实现全面小康社会的目标任务艰巨，要求统筹好城市和农村、区域与区域、经济和社会、人与自然、国内发展和对外开放等，这就需要在全区经济结构调整、基础设施建设、“三农”问题的解决、人口与就业问题的解决、生态环境治理以及社会公益事业的发展等方面加大力度，对科技的挑战也必将进一步加大。因此，只有加快建设区域创新体系，增强科技创新能力，才能实现经济社会的统筹发展，进而实现经济繁荣、民族团结、环境优美、人民富裕，与全国同步建成全面小康社会。

三、宁夏区域创新体系建设的现实基础

近年来，宁夏自治区各级政府高度重视科技进步在经济建设和社会发展中的重要作用，不断加大科技与创新投入，区域创新能力有了较大提

升。根据2017年11月发布的《中国区域创新能力评价报告2017》，2017年宁夏区域创新综合能力位于全国第22位，排名较2016年上升了2位，较2015年上升了6位，区域创新综合能力排名持续上升，区域创新体系建设取得了明显成效。

（一）经济发展基础不断夯实

一是综合实力不断增强，为创新体系建设提供了经济基础。2016年，全年实现地区生产总值3150.06亿元，按可比价格计算，比上年增长8.1%。连续九年增速高于全国平均水平。二是经济结构逐步优化，为创新体系建设提出了新的要求。三次产业增加值构成由2015年的8.2：47.4：44.4调整为2016年的7.6：46.8：45.6，三次产业对经济增长的贡献率分别由2015年的4.2%、57.8%和38.0%转变为2016年的4.5%、45.5%和50.0%。高技术产业增加值比上年增长31.9%，而六大高耗能行业增加值仅比上年增长1.9%。特色农业增势良好，全区优势特色农业产值占农林牧渔业总产值的比重达到85.5%。占农业总产值的比重达86%。三是大力推进供给侧结构性改革，为创新体系建设提供了新的机遇。自治区党委、政府牢固树立新发展理念，建立重大项目“6+4”工作机制，积极应对经济下行压力与结构性矛盾的挑战。全区经济发展呈现“稳中有升、稳中有进、稳中向好”的运行态势，为宁夏区域创新体系建设奠定了良好的经济基础。

（二）区域创新条件日益完备

一是创新平台建设稳步推进。2016年全区拥有国家级工程技术研究中心3个，自治区级工程技术研究中心41个；国家重点实验室3个，省部共建重点实验室4个，国家重点培育基地3个，自治区级重点实验室15个；国家级企业（集团）技术中心（含分中心）14个，自治区级企业（集团）技术中心62个，技术创新中心167个。二是技术攻关取得重要突破。“十二五”以来，全区共组织实施国家和自治区重点科技项目近900项，带动全社会创新投入资金100多亿元，启动实施了33个重大项目，突破了一大批制约经济社会发展的科技瓶颈。2016 年登记自治区级科技成果 311 项，比上年增长 27.5%，专利授权量 2677 件，增长 43.5%，其中，发明专利授权量 560 件，增长 26.7%。三是科技园区完成重点布局。全区拥有国家高新技术开发区 2 家，积极创建吴忠和中卫自治区级高新技术开发区；国家农业科技园区实现五市全覆盖，积极推进吴忠孙家滩创建国家级农业高新区；建成不同类型、不同水平的现代农业示范园区 120 多个。四是科技基础条件日益增强。建成了西北区域大型仪器共享平台、宁夏科技文献资源共享平台，形成了体现区域特色、保存和利用水平持续提高的自然科技资源保障与共享体系。

（三）区域创新机制更趋完善

一是建立了财政科技投入稳定增长长效机制。根据《自治区党委 人民政府关于深入实施创新驱动战略加快推进科技创新的若干意见》（宁党发〔2016〕47 号），从 2017 年起宁夏各级财政 R&D 投入的增速要求达到 30%以上，这一规定在《自治区党委 人民政府关于推进创新驱动战略的实施意见》（宁党发〔2017〕26 号）中再次予以重申，成为了各级地方财政支持科技创新的硬性约束。二是建立了区域创新发展先行先试机制。以沿黄科技创新改革试验区和现代农业科技创新示范区为载体，统筹推进科技创新、制度创新、产业创新，统一规划，先行先试，构建开放型区域创新体系，建设企业育成体系、人才支撑体系、创新平台体系、公共服务体系。三是建立了“科技支宁”东西部合作共赢机制。科技部和自治区联合成立了高规格的“科技支宁”协调领导小组，按照“市场主导、政府引导、互惠互利、合作共赢”原则，深化宁夏与东部科教强省和大院名校的科技合作，推进宁夏与东部地区科技、教育、人才等创新资源交流互动，实现信息共享、经验互鉴、相互促进。为此宁夏专门设立东西合作创新专项资金，重点支持东西部联合攻关、人才培养、成果转化、平台建设等合作项目。四是建立了创新驱动领导机制和效能考核机制。在 2017 年 9 月召开的自治区实施创新驱动战略推进会上，自治区成立了创新驱动战略领导小组，领导小组下设两个办公室，自治区发展改革委主要负责统筹协调，自治区科技厅主要负责科技创新。建立了市县创新发展考核体系，将创新驱动工作列入效能考核目标，逐年提高考核比重，将政绩评价和干部使用与创新绩效挂钩，形成了全社会共同推进科技进步的良好局面和“一把手”抓“第一驱动力”的工作机制，为区域创新体系建设提供了良好的组织保障。

尽管宁夏区域创新体系建设取得了一定成效，但还不足以支撑创新型宁夏建设，不足以支撑国家赋予宁夏的新使命和两大战略目标的实现，突出表现在：一是创新体系空间结构不完善，区域创新的基础条件与陕西、甘肃等周边省区，特别是东部地区相比差距较大；二是创新要素互动机制不够健全，区内高校、科研院所与企业之间尚未建立长期、稳定和紧密的合作与联系，以企业为主体的技术创新和以高校、科研机构为主的知识创新还难以有效结合；三是高新技术和创新型人才缺乏，人才总量不足、层次不高、结构不尽合理、企业带头人、研发带头人等高层次创新人才短缺；四是区域科技资源未能有效转化为技术创新能力，包括银川在内的五市科技资源与技术创新能力不匹配的现象比较严重，一些创新要素没有发挥应有的作用；五是科技资源配置不尽合理，发展环境需要进一步完善。

四、宁夏区域创新体系建设的重点任务

建设区域创新体系的目的是要提升区域创新能力，衡量一个地区创新能力的指标主要是知识创新能力、知识流动、企业技术创新能力、技术创新环境、创新对经济增量的贡献等。从这个视角出发，我们认为建设宁夏区域创新体系，应该重点做好以下工作。

（一）建立完善知识创新体系

根据宁夏科技发展的目标和经济建设的需求，重点围绕提高现代工

业、特色产业及人民群众健康水平，促进公共安全、提升环境质量、提高防灾减灾能力等经济社会发展和民生的重大问题，重点部署一批对宁夏科技、经济和社会发展具有重大影响的应用基础研究和前沿技术研究重大项目。按照学科建设和优势领域相结合的要求，积极推动国家重点实验室、省部共建重点实验室和企业重点实验室建设，加快建设一批高水平的自治区重点实验室、自治区重点科研基地、野外观测站，进一步优化自治区级重点实验室的结构布局，全面提升重点实验室的综合实力。引进并支持国内科研院所、高等院校在宁夏建立独立研发机构或设立分支机构，建成宁夏产业技术研究院。稳定人才队伍，加快高层次学术、技术带头人的培养和人才梯队的形成，形成保障有力、运行高效、发展机制良性循环的科技创新基础。

（二）着力提高企业自主创新能力

以科技创新引领全面创新，突出企业创新主体地位和主导作用，重点实施千家科技型中小企业培育工程、百家创新型企业培育工程、创新型企业成长路线图计划等工程计划，重点围绕宁夏主导产业、传统优势特色产业和战略性新兴产业关键共性技术的突破与跨越，统筹建设布局，加强资源整合，引导各类科技创新资源要素向企业集聚，培育一批高新技术企业、科技型企业及科技服务型企业，形成科技型领军企业做大做强，科技型中小企业迅速成长的良好发展格局。鼓励和支持龙头骨干企业建立重点实验室、工程研究中心、企业技术中心和技术创新中心等研发机构，增强企业研发创新能力。鼓励支持总部或研发机构在区外的企业来宁夏建立研发机构和中试基地，开展技术创新和成果转化。

（三）建立创新型人才支撑体系

加快建立以人才为核心的科技资源配置机制，加大创新创业型科技人才队伍建设力度，真正发挥科技人才在全区创新中的核心作用。一是加大创新人才引进培养力度。建立“高层次高技能人才绿色通道”，完善柔性引才机制和人才政策，建立高端人才引进和跟踪服务机制，吸引各类优秀人才来宁创业创新。二是健全完善创新人才培养体系。在重点行业、大型企业建设一批人才培养基地和继续教育基地，鼓励企业培养科技领军人才、学术技术带头人、高水平技术支撑人才和高层次管理人才。三是打造创新型人才创业平台。加快留学人员创业园区及重点实验室、科技企业孵化器、研发中心、工程技术中心、技术转移或转化中心、中试基地、博士后科研工作站等各类科技创新载体和平台建设，为各类高层次创新型人才提供来宁夏实施科研成果转化的平台，集聚和培养高层次创新型人才。

（四）加快科技中介服务体系建设

加快发展研究设计服务、技术转移转化服务、检验检测认证服务、创业孵化服务、知识产权服务、科技咨询服务、科技金融服务、创新方法应用、科学技术普及和综合科技服务等各类科技服务，完善技术交易市场体系和技术转移体系，强化对创新创业全链条的服务支撑。充分利用国家科技信息服务企业创新平台和自治区科技文献资源及科技创新云服务平台等信息资源，为企业开展成果转化、专利信息推广、专利工程师及创新工程师等培训、专家技术指导跟踪和成果分析的“一站式”服务。优化科技中介服务机构的组织制度、运行机制和发展环境，培育“组织网络化、功能社会化、运行规范化、服务产业化”的科技中介服务体系。强化高新技术创业服务中心、科技企业孵化器、技术转移中心等科技中介和成果转化类创新基地的功能，实行分类管理，切实提高为企业和产业服务的能力和水平。积极推进各种基础资源类创新平台建设，提高公共科技资源利用率。

（五）健全区域创新投融资体系

加快建立以财政拨款、企业投入、金融贷款、社会资金投入相结合的多渠道、多层次的科技投入体系，逐步提高全区科技经费投入的总体水平。一是加大财政科技创新投入力度。加快建立“定标准、定责任、入预算”的财政科技投入稳定增长长效机制，进一步加大科技后补助力度，加大对企业、科研院所和高校之间开展协同创新、科技成果转化方面的支持力度。二是强化企业创新投入主体作用。充分发挥财政资金的激励引导作用，对企业引进人才、建设中试装置等予以支持。鼓励和引导企业按照自治区规划和市场需求先行投入开展研发项目。强化企业家的创新意识和主体责任，建立健全规模以上企业技术创新经营业绩考核制度，加强对不同行业研发投入和产出的分类考核。三是拓宽科技创新投融资渠道。建立科技成果转化引导基金、创业投资基金等，逐步形成创业投资、风险补偿、费用补贴、资本金注入等多种财政科技经费使用方式，为处于不同发展阶段的科技型中小企业融资需求提供支持。充分调动全社会科技投入的积极性，发挥宁夏区域股权交易市场、债券市场等融资工具作用，探索开展科技保险试点，着力开拓科技创新融资渠道。

五、推进宁夏区域创新体系建设的改革措施

（一）推进科技计划管理改革

一是按照《自治区关于深化自治区财政科技计划（专项、基金等）管理改革的方案》精神，强化顶层设计，打破条块分割，改革管理体制，统筹科技资源，加强部门功能性分工，建立部门联席会议制度，发挥战略咨询与综合评审委员会的作用，依托专业机构管理项目。二是整合优化现有科技计划（专项、基金等），建立全区统一的科技管理信息系统和科技报告系统，强化流程控制与信息公开，加强对项目的审查、监督、检查和评价，避免重复申报、重复部署、重复投入，提升财政科研资金使用效益。三是优化科技资源配置方式。集中科技资源重点突破，围绕宁夏优势特色产业转型升级，突出技术创新，重点在引进消化吸收再创新、实用技术创新、创新成果转化应用上下功夫。科技攻关、创新平台、人才培养主要在主导产业、优势特色产业配置。70%的科技资金主要用于重大科技攻关、新技术引进、高新技术产业化和重点创新平台建设的重大项目。一般性的

研发项目、前导性、探索性的资金不超过30%。

（二）推进市场与政府作用机制改革

一是建立“企业先投入、市场再评价、市县先补助、自治区后补助”的机制，重点推进“四个转变”，即变传统科技评审立项支持为后补助和奖励支持，变科技专项经费切块支持为按市场机制竞争择优支持，变自由申报、专家评审为市场化、社会化第三方评价，变注重项目自身的科技含量和水平为注重项目对经济社会发展的贡献度。二是探索建立企业项目立项备案制，支持企业自主决策、先行投入、自行开展重大产业关键技术、装备和标准的研发攻关，形成主要由市场决定技术创新项目和资金分配、成果评价的机制。三是最大限度发挥市场配置创新资源的决定性作用，通过合同、委托、招标等方式实施和推广政府购买服务，全面放开竞争性领域商品和服务价格，加快构建统筹协调、职责清晰、规范高效、公开透明、监管有力的科研项目和资金管理机制。四是建立健全科技项目决策、执行、评价监督相互协调相互制约的运行机制，建立依托专业机构管理科研项目的方式。

（三）推进产学研协同创新制度改革

一是提高企业主导产业技术创新的能力，增强科研院所、高校的原始创新和服务发展能力，加快发展各类新型研发机构和创新服务组织，培育壮大充满生机活力的创新主体。克服创新中的“孤岛化”和“碎片化”现象，着力提高产学研创新协同水平，使创新各主体、各环节、各方面有机互动、高效协作。二是整合各类技术创新要素，大力推进产学研协同创新，建立研究方向明确、组织有序、责权利相统一的产学研协同创新联盟。三是加快建立现代企业制度，支持企业真正成为技术创新的投资主体、利益主体、风险主体。进一步探索产学研合作机构或平台的运行和利益分配机制，推动有条件的研究机构向实体化运营模式转变，鼓励以项目实体运营、合资建立公共研发平台、引入风险投资等多种形式捆绑利益，真正形成利益共享、风险共担、共同发展、长效合作的新机制。

（四）推进科技成果转化制度改革

一是按照“科研投入成果化、科技成果产业化”的要求，健全技术创新市场导向机制，发挥市场对技术研发方向、路线选择、要素价格、各类创新要素配置的导向作用，建立主要由市场决定技术创新项目和经费分配、评价成果的机制。将财政资金支持形成的、不涉及重大社会公共利益的科技成果的使用权、处置权和收益权，全部下放给符合条件的项目承担单位。二是试行科研机构科技成果公开交易制度，使科技成果可以通过在技术市场挂牌等方式确定价格并实现交易。强化对转化科技成果的人员和团队的激励，实行以增加知识价值为导向的分配政策，提高科研人员成果转化收益分享比例。三是强化科技成果转化导向，鼓励企业采取股权奖励、股票期权、项目收益分红等方式，激励科技人员实施成果转化。四是改革科技成果产权制度，培育技术和股权期权市场，完善股权和期权税收优惠政策和分红奖励办法，促进科技成果资本化、产业化。

（五）推进科技评估评价制度改革

一是探索评估评价机制由政府评估评价为主向社会评估评价为主转变，规范发展第三方评估机构和知识产权专业估值机构，强化过程监管和后续跟踪，完善纠错和问责制度。组织对重大科技项目实施情况进行年度监督检查和第三方评估，及时发现和解决问题，宣传和推广典型经验。二是发布企业、高校、院所创新能力评估指导意见，扩大创新绩效拨款试点范围，扩大有序承接政府转移职能试点并加快形成制度化。完善政府资助项目评估指标体系和绩效考核办法。开展重大成果产出评价和科技机构效率评价，加快建立创新调查和科技报告制度。三是完善以市场和出资人认可为核心的企业经营管理人才评价体系，建立社会化的职业经理人资质评价制度和知识型、技术型人才评价机制。

（六）推进人才工作体制机制改革

一是加快高等院校和科研事业单位去行政化改革。改进科研人员薪酬和岗位管理制度，建立企业与高校、科研院所人才联合聘用机制，允许兼职兼薪，促进科研人才双向自由流动。鼓励创新人才职务成果自主转化、单位转化和对外出售。二是深化人才的业绩分配和激励机制，探索建立技术、知识产权等无形资产入股制度和技术创新人员持股制度。鼓励企业、科研机构、高校大胆创新分配方式，提高特殊人才的待遇水平。三是建立健全人才培养开发、评价发现、柔性引进、选拔任用、流动配置和激励保障机制。完善科技奖励评审制度，注重科技创新质量和实际贡献，建立有利于培养中青年优秀科技人才的评审机制。

（七）推进科技财税制度改革

一是健全竞争性经费与稳定支持经费相协调的投入机制，强化财政对公共科技活动的投入保障，引导社会资本投向科技创新和参与重大科技基础设施建设。推进预决算公开，建立跨年度经费平衡机制。二是建立健全符合科研规律和科技企业发展的科技创新项目财政资金投入机制和管理机制，制定进一步完善高校和科研院所科研项目资金管理政策的实施办法，为科研人员潜心研究创造良好制度环境。三是加大财政资金支持科技金融综合服务平台建设，优化科技投融资环境。以石嘴山国家小微企业创业创新基地示范城市为样板，推广政策工具引导企业技术创新。四是完善企业研发费用加计扣除政策，扩大固定资产加速折旧实施范围，落实有限合伙制创投企业投资抵扣、高新技术企业向个人转增股本及股权奖励、居民企业非独占许可使用权技术转让和小微企业等税收优惠政策。贯彻落实企业与科研院所从事技术交易活动增值税优惠政策。

以“互联网 +”与智慧城市建设构建宁夏经济新动力研究*

王林伶

2017 年 10 月，党的十九大报告提出“加快建设制造强国，加快发展先进制造业，推动互联网、大数据、人工智能和实体经济深度融合。”“互联网 +”是一种新的经济形态，是以互联网平台为基础和实施工具，利用信息通信技术（包括移动互联网、云计算、大数据技术等）与各行业的跨界融合，在经济、社会生活各部门的扩散应用过程，促进着实体经济提质增效、推动着产业转型升级，并不断创造出新产品、新业务与新模式，构建出各类经济发展新新生态。

目前，我国“互联网 +”、电子商务正以前所未有的速度发展，已成为促进增长、拉动内需、扩大消费最具潜质的因素。宁夏紧跟形势，积极打造经济社会发展的新动力，争取国家支持，按照“一体两翼”的思路，大力推进“互联网 +”与电子商务发展，呈现出持续快速发展的良好态势。

作者简介：王林伶，宁夏社会科学院综合经济研究所助理研究员。主要研究方向为人文地理学、区域经济规划、资源开发与可持续发展研究。

* 基金项目：（批号 13XJL011）中国西北内陆开放型经济发展长效机制构建研究的阶段性成果。

一、宁夏“互联网+”与城市建设发展的现状

（一）出台政策，拨付资金，推动新业态加速发展

2015年10月，自治区人民政府出台了《关于促进电子商务发展加快培育经济新动力的实施意见》，从六个方面提出28条具体措施，如设立电子商务发展子基金、按条件享受退税、免税、补助补贴政策，加快推进宁夏电子商务创新发展。同年出台了《全区千村电商工程实施方案》，全面启动电子商务进农村综合示范工作，确定永宁县、贺兰县、平罗县、盐池县、同心县、西吉县、中宁县7个县为示范县，自治区拨付1.04亿元电子商务发展促进资金，推动农产品生产经营标准化、品牌化和电商化。贺兰县成立网络经济发展局，出台《关于推进电子商务发展的若干意见（试行）》，每年拿出1000万资金用于支持电子商务产业发展。固原市制定《固原“互联网+扶贫+农村电子商务项目实施方案》，大力推进“农村电子商务”的发展。

（二）入网用户和交易规模，“双增加，单项第一”

宁夏互联网、手机用户快速增加，网络购物、在线支付总量不断扩大。根据中国电子商务研究中心（100EC.CN)监测数据显示①，2014年宁夏网络购物交易总额达到64亿元，用户人均网上支付近6500元，网络订单量增速位居全国第一；宁夏支付宝移动支付占整体支付比例达58.3%，排名全国第三。②截至2016年底，全区固定互联网宽带接入用户111.9万户，移动互联网用户602.1万户。互联网普及率达到50.7%。据统计，2016年全区网络零售市场交易额175亿元，同比增长34.3%。

---

①吴密林:《宁夏人去年网络购物花掉64亿元》，宁夏新闻网 http://www.nxnews.net/sz/system/2015/08/27/。

②宁夏回族自治区统计局:《宁夏回族自治区2015年国民经济和社会发展统计公报》，http://www.sei.gov.cn/。

（三）“光网宁夏”建设提速，配套服务体系初具规模

宽带网络是“互联网+”的重要基石，没有强大的网络作支撑，“互联网+”只能是空中楼阁。一是“智慧宁夏”“光网宁夏”建设开启了新局面，2010年出台的《推进光纤宽带网络建设实施方案》与2012年出台的《“宽带中国·智慧宁夏”实施意见》大大推进了宁夏信息化发展，通信网络建设步伐加快，目前全区城市区域光网覆盖率超过95%，光纤宽带用户达到总宽带用户的55%，在全国排名第四。银川市是第二批国家智慧城市试点城市，构建的“一图一网一云”顶层设计，与部署的政务、交通、环保等十大系统13个子模块，在大数据共享深度、行业应用范围等方面创下了多项行业第一，荣获2015智慧城市“应用创新奖”同时，2015年7月，由中国电信宁夏公司与阿里云计算公司共同建设的宁夏政务云平台正式交付运营，标志着智慧宁夏基础设施建成投产，在银川和中卫建设总规模达到3000台云服务器、1600T存储，银川节点的建设目前也已完成，中卫节点也即建成。智慧宁夏的“一网一库一平台”“八朵云”等工程为大数据、云计算的发展提供了基本能力。

二是部分行业互联网应用加强。宁夏以“三通两平台”建设为主要标志的教育信息化工作取得突破性进展，全区82%的学校接入了互联网（不含幼儿园），66%的中小学教室配备了多媒体教学设备，60%以上的学校信息化基础设施得到了改善，信息化应用基础条件进一步夯实。

三是物流网络，电商平台格局形成。目前，宁夏公路通车里程达到3.32万公里，开通了国内58条航线和9条国际航线，民航旅客吞吐量达到530万人次以上，惠农陆路口岸、航空口岸、银川陆路口岸三大口岸和宁夏国际空港物流中心、银川陆港物流中心等九大物流园区，为国际国内互联网物流的发展铺就了高速通道。同时，电商平台发展较快，“中阿淘”“宁品汇”“淘宝·中国宁夏馆”“优百贸”等电子商务平台上线运行；一些商场、购物中心自建物流、配送中心等网络，形成了覆盖城乡的

物流服务新格局。

四是宁夏电商产业竞相发展，呈现出井喷态势。从山区固原市信息产业孵化园到川区中卫西部云计算基地、宁夏中关村科技产业园；从市级石嘴山市电商创业园、银川市电商创业园到县村级中宁县电子商务孵化中心、同心县电商暨文化创意产业园、德胜电子商务村、西夏电商谷等电商如雨后春笋般破土而出；从中兴大数据、阿里巴巴、亚马逊 AWS 等知名企业建设数据中心，到国内首家集中、英、阿三种语言的中阿跨境电子商务平台“优百贸”、宁夏希望、方达、科派特等本土电商企业。宁夏电商企业从一无所有到无所不有，各类业态齐聚、竞相发展的良好局面。

（四）“互联网 +”推动产业升级，构建经济增长效应凸显

一是“互联网 +”推动着传统产业转型升级。宁夏共享集团在铸造方面从过去“费时费力费料”的传统模式，已升级到现在应用 3D 打印技术做出“省时省工精密”产品，可生产五大类 53 种产品，成为宁夏智能制造产业化应用项目，为传统产业转型升级提供了新思维，为推动宁夏装备制造业转型升级奠定了基础。

二是改变了传统的生产、销售和服务方式，成为县域经济新增长点。贺兰县电商创业园，吸引了义乌市幸福里市场开发公司与贺兰国有公司合作建设了跨境电商产业物流园，又吸引了苏宁易购、中通快递、顺丰优选等物流企业进驻，促进了物流服务业，使电子商务从县城延伸到了农村、农户，并建立了“县级运营中心 + 村级服务站 + 农户”运行模式。通过在村部建立电商平台，改变了传统的销售模式，把特色农产品销售与“互联网 +”有机结合起来，网上销售特色五谷杂粮和当地群众手工刺绣、剪纸作品等促进了传统产业、特色产品与电子商务融合发展。如金贵镇银河村自 8 月以来，采取线上订货、线下交易的方式销售农产品金额近 30 万元。同时，实现了在农村就能为当地居民提供代缴电话费、电费及代购机票、火车票、家电家具、生活用品等服务，村民在家门口就

能取货、退货。

三是扩大了创业就业。以移动终端、互联网、物联网、大数据应用为代表的信息产业在宁夏快速发展，如银川 iBi 育成中心聚集了电子商务、云计算、互联网金融等企业 400 多家，带动了智能电网、智能交通、智能城市等新兴产业发展，2015 年 1~10 月份，从业人员总数达到 5100 人；主营业务收入达到 33.8 亿元，同比增长 30%；实现网络交易额 4300 亿元，同比增长 72%；取得自有知识产权累计 590 项；培育上市企业 7 家、累计达到 12 家，累计获得国家级示范园区、示范基地 11 项；荣获第十三届中国国际软件和信息服务大会“中国软件和信息服务业突出贡献奖”等 14 项大奖和“2015 中国产业园区创新力百强”称号。银川 iBi 育成中心通过努力营造保护创新、激励创新的制度环境、市场环境和社会环境，发挥“互联网 +”在创新中对宁夏经济社会发展的支撑引领作用，努力形成大数据开发与应用的积聚区，大平台应用的新型业态引领区奠定基础；对全面促进大众创业、万众创新，起到了“领头羊”的作用，对“互联网 +”与智慧城市建设互动发展具有特殊的推动作用。

同时，在一些市县也通过建设电商创业园、设立村级电商服务站等措施，大力推进电子商务发展，有力促进了大学毕业生、青年在电商领域创业就业；如 2015 年，贺兰县建设了 19 个电商示范村（社区），电子商务培训 1095 人次，电商学员注册店铺达 280 多家，创业带动就业人数 2800 人。

二、宁夏“互联网 +”发展存在的问题

（一）思想观念滞后，实施行动缓慢

互联网、大数据、电子商务为宁夏经济社会发展带来巨大机遇的同时，也反映出宁夏对认识观念与行动计划上还比较滞后。

一是商务部于 2015 年 5 月 15 日出台实施了“互联网 +”行动计划，其它一些省市区如福建、四川、江西、湖南、广东、河南、深圳等地积极

密集出台了各自“互联网 +”行动计划，但宁夏还没有出台关于宁夏的实施“行动计划”，表现为反映滞后，行动缓慢。

二是个地方领导干部因工作的繁忙自己对电子商务、网购、云计算、大数据等没有时间进行学习与体验，在推动商家的过程之中“底气不足”。

三是宣传普及应用不够。一些企业认识认识不够，仅仅停留在办网站、搞宣传上，相当一部分线下服务缺少应用互联网、移动互联网等新技术新手段，仍然沿用电话接单等传统的服务模式，尚未与企业线上业务实现对接，导致企业在利用互联网开展业务过程中出现操作困难；线下服务体系法规标准缺失，服务过程中的权益纠纷、责任界定不清等问题突出。同时，无论是城市还是农村大部分的 40、50 人群还不会也不习惯于网购，其他一些人群也不习惯于网购，总觉得不安全、认为网上购物并没有线下方便直接。

（二）互联网基础设施建设薄弱滞后

一是通信业基础相对薄弱，特别是光纤通路带宽不足是制约宁夏云计算、大数据产业发展重要瓶颈，宽带发展政策环境整体处于起步阶段，各地市发展较不均衡。宽带服务质量有待提升，宽带上网费较高；家庭固定宽带平均接入速度、固定宽带平均文件下载速率、移动宽带平均接入速率；如数据通讯延时较长，发达地区数据通信延时约为 60 毫秒，宁夏约为 100 毫秒，制约股票、期货等金融衍生产品及外汇结算业务的开展，均需要提升。

二是自治区现有基础电信网络包括城市宽带、互联网国际出入口和连接国内主要大城市光纤带宽等需求主要是本地应用，与发展云计算及相关数据中心产业要求有较大差距，制约着宁夏大数据产业发展。

三是宁夏没有互联网交换点（NAP），互联网出省总带宽只有 500G，数据输出需要通过国内互联网骨干节点（西安）交换至国际互联网骨干节点（北京、上海、广州）才能实现与国际互联网连接，通信速率远低于东部发达省区。

（三）物流成本高，信息不对称

目前中国的物流成本占 GDP 的 18%，而美国占 8%，其原因是我们效率太低，公路上的货车有 40%是空跑，所以同样的东西，在中国买比在美国买还贵，就是因为中国运输成本高。同样，宁夏的物流运输成本高达 24%，比全国高 6 个百分点。原因：一是宁夏铁路、公路大多处于全国骨干网络的末梢，与中东部地区相连的快速化、便捷化程度不高。二是宁夏联通全国铁路的数量、速度、频次均比较少和低。三是宁夏区域面积不大，但收费站较多；截至 2014 年，全区收费公路里程 2665.4 公里，共有主线收费站 39 个。四是到银川站的货运需要经货车转运至西夏区平吉堡货场再分运出去，增加了二次中转成本；宁夏乡镇级以下物流点极少或缺失，“最后一公里不畅”。五是航空物流方面宁夏既没有国际邮件互换局和交换站，也没有大型快件分拣中心，当地商品必须转运至北京、上海、广州等地出关；进境和出境的需要二次转运。

（四）专业人才与领军企业人才缺乏

云计算、大数据、电子商务等产业发展最重要的是人才，这类专业技术人才在宁夏十分匮乏，已成为当前制约宁夏互联网产业发展的瓶颈。一是宁夏高校相关专业设置较少，课程设置与现实需求差距较大，跟企业需求不相适应，特别是发展云计算、大数据产业所需人才更是缺乏。二是 IT 领域专业人才尤其是高端人才缺乏，懂电商、懂网络、懂管理的复合型专业人才难招聘难留住。三是缺乏互联网领军企业，国内许多省市互联网产业发展大多是大型领军企业牵头，宁夏“拔尖”的互联网企业屈指可数，仅在银川 iBi 育成中心有所布局，但企业规模偏小、层次低、缺乏核心技术，竞争力不强等状况。

（五）“互联网 +”服务机制与金融保障乏力

一是目前宁夏许多 IT 系统日常运行管理条块分割，缺乏一个统一的、主动的集中运行管理平台，既浪费了人力资源，也难以做到快速发现故障；其运营能耗、成本居高不下，计算性能与保障能力不足；运营与维护管理落后，配套政策机制不健全。

二是“互联网”行业壁垒问题。在“互联网”企业准入方面，部分行业还存在着市场开放程度比较低、准入门槛比较高的问题，在监管方面也存在过程比较复杂、协同机制不健全、效率比较低等问题。

三是政府线下服务能力有限，信息条块分割严重。涉及民生领域的信息系统基本上都是由政府各行业部门分别主导建设，因技术和业务标准缺失，部门间条块分割严重，数据的可用性、可获得性有限，导致信息孤岛，数据壁垒现象较为普遍，无法有效支撑数据开放共享，阻碍了数据的联通和挖掘。

四是金融服务保障能力弱。宁夏缺乏自有电子商务结算中心，在线支付结算主要通过支付宝等第三方支付工具进行，也没有具有第三方跨境支付资质的本地注册企业，无法开展支付机构跨境外汇支付业务试点。同时，存在民间资本多但投资少，中小微企业多但企业融资少、融资难的问题，2014 年宁夏电商企业社会融资仅占融资规模的 14%左右，86%为企业自筹，企业融资压力大，融资困难。目前从事电子商务大多是刚就业的大学生，自身资金积累少，普遍缺乏周转资金。

五是品牌产品和龙头企业不足。宁夏各类网店卖出最多的是枸杞(2014 年宁夏支付宝移动支付占整体支付比例达 58.3%，卖出的商品 46%为枸杞)，其次其是红枣、硒砂瓜、葡萄等特色农副产品，工业品和日用消费品较少，经营业务单一，贸易逆差较高。与外部市场相比，宁夏电商品牌弱而小，企业总体规模较小。

六是电商交易规模小。宁夏电子商务交易额在全国排倒数第五，西北地区排倒数第三，电子商务行业发展较其他省份存在明显差距，这说明宁夏输出产品不足，相关产业带动与聚集能力有限。

三、以“互联网+”与智慧城市建设构建宁夏经济动力的建议

（一）构建“互联网思维”，实施“互联网+”行动计划

1. 解放思想，加大宣传力度

思想是一种认识，思想也应视作一种生产力。解放思想、开放思路、创新才能有效，思想是行动的先导，只有开放的思想才能有效地指导各项事业的发展。解放思想就是打破思想禁锢，激发工作活力，就能改进生产关系，解决先前落后的生产力；解放思想就是要冲破层层禁区，摆脱种种束缚，从而推动社会进步和事业的发展。从宁夏的“互联网+”与智慧城市建设发展来看，既面临着乘势而上的大好机遇，又面临着很多的制约因素和巨大的竞争压力。在新一轮的竞争中，我们是因循守旧、消极畏难，还是解放思想、迎难而上，将决定着宁夏互联网产业今后的走向。宁夏与先进地区在经济指标和社会发展水平上的差距，只是外在结果上的体现，然而也有内在原因是思想解放、观念更新和工作思路上的差距，对于宁夏要实现跨越式发展，后者比前者显得更为重要和紧迫。因此，要以解放思想、转变思维方式、创新思路、创新方法、调整发展战略、完善发展规划、“突破发展”创造性地开展工作，在新经济发展过程中，摒弃传统的“梯度推移战略”，确立“反梯度推移发展战略”，强化创新能力、实力、大幅多提高核心竞争力。

同时，把电子商务、大数据、云计算知识等纳入各级党校、行政学院的教学内容，抓好各级干部的学习培训，提高其推动大数据、电子商务发展的意识和能力。还要利用网络等媒介，开展多形式、多渠道地大数据、电子商务知识普及与应用宣传。还要发挥各级电子商务协会、产业联盟等中介组织作用，举办电子商务与大数据推广、高峰论坛、创业大赛、线上线下联动商品交易等活动。

2. 国家大数据产业发展综合试验区。

将宁夏大数据产业列入国家信息产业发展“十三五”规划，并列为国家大数据产业发展综合试验区。加大对宁夏信息基础设施投入，铺设中国到丝路沿线国家信息光缆的前期研究，打通宁夏对阿拉伯国家国际网络通道。

3. 把“大数据”作为战略性先导性产业规划

将“大数据产业”作为宁夏“十三五”时期战略性、先导性产业来规划与发展，实施“互联网 +”行动计划。需要整合、融合相关平台建设，成立自治区“大数据”发展领导小组，建立常态化的工作推进机制，明确主管单位，加强各部门的协调配合，高层次、高质量、高效率做好谋划和推进工作。同时，对全区云计算、电子商务、大数据等产业发展方向和空间布局进行总体规划，明确电子商务、互联网与多个产业融合发展的方向、重点目标和任务，增强产业宏观指导能力，填补“互联网 +”顶层设计空白。

4. 加强宏观统筹协调，推进信息产业化建设

统筹规划建设中卫云基地、银川大数据中心、银川 iBi 育成中心，防止一哄而上、同质竞争。创新政策、管理和服务，拓展云设施、云计算、云运用产业链，发展大数据、物联网、信息服务新业态，推进数据资源开放共享，把宁夏打造成西部云计算产业基地、国家西部云谷和国内外数据资源最佳落户地。

5. 实施全域“村村通”电商行动

大力发展电子商务，以邮政快递企业为末端网络，在农村建立服务网点开展快递电商服务，支持快递企业与农家店、农村综合服务社、农产品购销代办站等以建立合作网点的形式提供投递服务。同时，动员各行业、各领域、各层次加大培育电商企业发展，推动“互联网 +”行动，打开电子商务发展的新局面。

（二）夯实“智慧宁夏”基础设施，构建“网络强区”

1. 扩容数据通道，建设国际数据专线

按照自治区“十三五”规划建议进行布局与实施，构建信息网络体系。加强网络建设改造和统筹力度，通过政府主导和大力投入，全力推进自治区基础电信网宽带化建设，构建“国际数据专线”与扩容数据通道。①增设中卫直达北京、西安的传输通道，达到2000Gbps出省带宽；扩容提升中卫至银川到北京、西安原有出省通道；同时，建设国际数据专线，为发展中阿互联网经济和建设“一带一路”网上丝绸之路提供高效畅通的宽带网络基础设施。

2. 构建网络强区，建设智慧宁夏

构建高速、移动、安全、泛在新一代信息基础设施，加强农村通信基础设施规划建设，推进全光网省区建设，实现4G网络城乡全覆盖和公众场所无线网络全覆盖，积极建设以5G为重点的新一代移动通信网络，建成“八朵云”，深化政务民生信息化。

3. 开展网络“提速降费”行动，完善电信普遍服务机制

加快高速宽带网络建设，实施信息惠民工程，推进三网融合应用和宽带网络提速降费，指导电信企业推出定向流量优惠、流量不清零、流量转赠、套餐匹配等形式的产品和服务；为互联互通提供坚实的物质基础，为创客提供成长平台，走上创业致富路。

（三）构建现代网路物流体系，助力跨区跨境电商经济

1. 构建“中阿物流互联网根服务器”与“组建中阿物流信息服务网络”

物流业一头连着生产，一头连着消费，起到连接上下的纽带桥梁作用，宁夏要以构建中阿网上丝绸之路与空中丝绸之路为抓手，构建一个由自治区人民政府发起、多方参与共建、公益、开放、共享的“中阿物流互

---

①《我区进一步加快宽带基础设施能力建设》，见《华兴时报》2015年9月29日。

联网根服务器”和公共物流信息服务网络。同时，要牵头组建中阿物流信息服务网络平台，形成跨部门、跨行业、跨区域、跨国界，覆盖全区、连接全国、辐射国际的物流信息基础交换网络和共享体系，打造服务“一带一路”国家战略的基础设施工程。

2. 建立国际邮件互换局

抓住宁夏内陆开放型经济试验区与银川市综合保税区建设契机，加快保税物流中心建设、航空口岸等相关基础设施建设，设立一站式跨境电子商务综合服务平台，建立国际邮件互换局，开展跨境电子商务出口业务工程。

3. 构建现代互联网网络商贸流通体系，壮大电商经济

一是重点培育本地物流企业，支持电子商务企业建设配送中心，鼓励大型物流企业投资建设标准化仓储设施和电子分拨中心，促进邮政快递业与电子商务联动发展，促进全区全域“村村通”电商行动。二是核销全区区域内的各类收费站，减少收费站的数量，降低收费里程的价格；同时，合理规划各个运输中转货场的频次，较少物流成本的增加。三是构建电子商务服务体系、物流配送体系、支付结算体系，支持电子商务示范城市、创业创新孵化基地建设，推进跨境电子商务综合试验区建设，支持建立一批“海外仓”和展示中心，推动市场转型升级。

（四）引才纳贤，聚力“互联网 +”发展

1. 建设互联网专业人才高地

通过归类、合并与整合资源，联合中科院等国内外科研机构，积极创建国家级（自治区级）云计算、大数据产业研发中心，为国家、企业和社会提供发展保障。

2. 构建培训制度，完善人才机制

一是建立日常培养制度，快速“培训一批”人才。政府要在了解企业需要什么样人才基础上出钱搞培训，每周或者定期邀请相关方面的专家学者和电商经验丰富的人员到政府提供的场所对愿意从事电商的群众进行免

费培训，快速培养一批 IT 实用型人才。二是“引进一批”。制定政策人才，将云计算、大数据、电子商务人才作为自治区人才引进计划重点，在住房、户口、收入、子女上学和出入境等方面给予政策优惠。三是批量化“培育一批”。实施系统性人才培养计划，在区内大专院校开设互联网相关专业课程，批量化“培育一批”，形成批量化、高素质的 IT 专业人才资源。四是面向企业，“转化一批”。建立面向产业人才培养机制，“转化一批”，加强政府、企业、高校、社会之间联合合作，鼓励企业与大专院校建立订单式人才培养机制，支持有条件企业建立工程中心、企业研发中心、培训和实习基地；同时，构建人才共享机制，建立与区内外其他区域或单位人才共享机制，促进大数据人才互动共享。

3. 资金支持与税收优惠

通过资金支持和税收优惠等措施鼓励互联网企业之间加强人才交流与共享，共同促进大数据、云计算产业发展，对云计算、大数据等企业员工，在宁夏工作时间超过一年、年缴纳个人所得税在 2 万元及以上的，参照其个人所得税地方分成部分，给予全额奖励；对云计算企业急需的重要人才，经认定后，参照其缴纳的个人所得税地方分成部分，也全额奖励给个人。

（五）加强措施保障，增强“互联网 +”发展动力

1. 优化政策环境，支持创新创业

一是制定政府信息资源管理办法，制定政府公共信息资源开放共享计划。在安全可控的前提下，统一数据标准，推进公安、交通、医疗、卫生、教育、信用等与民生相关的政务数据向全社会开放，实现跨区域、跨层级、跨部门数据可用可识别，奠定数据加工与挖掘。

二是放宽限制，降低准入门槛。适时调整、清理、修改完善“互联网”相关政策和法规，放宽、降低“互联网 +”等新兴行业市场准入管制，调整完善市场准入资质条件；如放宽电信行业的市场准入限制和门槛，鼓

励社会资本投资运营移动网络，允许社会资本以独资或混合所有制形式进入，形成行业内竞争新局面。加快行政审批标准化建设，让数据“跑腿”，节约时间、成本，减少尾气排放，实现绿色发展，推进“实体政务”大厅向“网上办事”大厅延伸。

三是完善移动电子商务市场监管体系。制订并逐步完善移动电子商务相关技术标准和行业规范，采取“放水养鱼”模式，争取形成“事前综合防范、事中有效监测、事后及时溯源”的监管和应急处置工作机制；严厉打击网络售假、网络欺诈、侵犯用户隐私等违法违规行为。

2. 建立电商平台，培育“互联网”企业

一是按照统一标准建设全区电子商务公共服务云平台。加快电商各类园区建设，打造电子商务创业孵化基地，吸引电商企业以及配套产业项目入驻，加大扶持力度，通过整合、融合相关方面的扶持资金设立“互联网+、大数据、电子商务”专项发展资金，对国家和自治区重点电子商务项目，优先保障项目用地和资金支持。推动农业、工业、制造业、能源、金融等与信息融合发展，推动信息消费模式转变，努力推进智慧城市建设。

二是培育电商主体，提升龙头带动。重点培育壮大一批不同领域的电商骨干企业、龙头企业，发挥其带动作用。加强传统制造业、传统市场与电子商务的融合，积极打造行业性电商平台，并支持中小企业、个体工商户使用行业电商平台。加快推进“千村电商”工程，组织宁夏特色产品在阿里巴巴、淘宝、京东商等电子商务平台开设地方特色馆、产业带和网上旗舰店，推动更多企业利用电子商务开拓市场；并围绕宁夏智慧城市建设，提供云计算数据中心外包服务，扩大服务范围。

三是引导传统企业向互联网企业转型升级。通过互联网对流程技术进行改造、设计、升级，对产品市场进行跟踪、掌控，把顾客和用户、员工和用户、互联工厂和用户紧密的链接在一起，探索给用户个性化需求定制。

3. 创新互联网融资，设立第三方支付平台

创新互联网融资的制度安排，政府要牵头企业主体，构建互联网金融体系，支持其健康可持续发展。

一是支持各类互联网金融平台建设。以宁夏软件园、银川大数据中心、银川 IBI 育成中心建设为基础，打造互联网金融基地、打造互联网金融的品牌。

二是积极支持新设立宁夏基于互联网技术的第三方支付、P2P 借贷平台、众筹和互联网金融门户等各类互联网金融企业；同时，以跨境电子商务为突破口，构建中阿国际金融中心，共同推动人民币结算，提高人民币国际化水平，根据阿拉伯国家的文化传统与支付习惯来研发产品、提供服务，构建中阿国际金融中心，实现现代金融的资金融通，发挥“一带一路”货币资金融通枢纽的重要作用。

三是鼓励银行、保险公司开发电子商务产品，推进具有互联网金融交易的要素市场的发展，设立电子商务机构和互联网金融研发中心，或通过成立基金公司等形式，开展电子商务小额贷款和天使投资、股权投资等多种融资形式，支持互联网金融企业。

4. 优化扶持力度，提供服务保障

一是将大数据、云计算服务纳入全区各级政府购买服务范畴。二是投资在 1000 万元及以上的云计算、大数据企业，从投产运营之日起，免交企业所得税地方分享部分。鼓励和引导金融机构加大对该类企业的信贷支持力度。三是把互联网企业纳入政策扶持和税收优惠的范畴。修订“双软企业”、“高技术企业”认定条件，将互联网企业纳入到《关于进一步鼓励软件产业和集成电路产业发展企业所得税政策的通知》（财税〔2012〕027 号）的相关优惠政策。在当前营改增的过程中，由于互联网企业主要提供网上服务性产品，享受不到生产性产品的进项税抵扣，而造成部分企

业实际税负增加，建议针对行业特性，调整抵扣范围，把宽带成本和采购内容纳入抵扣范围。四是对符合物流配送体系规划的货运站场、快件集散中心、配送中心、信息平台、调度呼叫中心等物流功能区项目建设，实行免征城市基础设施配套费。

银川 iBi 育成中心发展研究

马　珍

2013 年 9 月，规划建设的银川高新技术产业园区银川 iBi 育成中心正式投入运营。该园区总规划占地面积 1.02 平方公里，规划建筑总面积 145 万平方米，预计总投资 80 亿元。重点发展以新一代互联网信息技术、生物科技和知识产权转化培育为主要发展方向，集中发展软件研发、电子商务、云计算、物联网、影视动漫、文化创意、教育培训、大宗商品交易、生物科技、基因检测、干细胞研发、卫星服务、航空装备设计研发、知识产权转化等核心业态。是宁夏唯一集信息技术、文化创意、生物技术、服务外包等为一体的高科技产业技术服务区、产业集聚区和孵化基地。截至 2016 年，园区入园企业总数达到 610 家，实现网络交易额 6000 亿元，企业利润总额达到 6 亿元。该园区相继获得国家创业孵化示范基地、国家工业创意设计综合服务平台、国家级科技企业孵化器、国家电子商务示范基地、国家文化产业示范基地等 11 项国家级称号。获得自治区级新型工业化示范基地称号，在国家级重要展会——中国国际软件和信息服务大会上两年共计获得各类奖项 23 项，为国内获得奖项最多

作者简介：马珍，宁夏社会科学院文化研究所助理研究员。主要研究方向为区域文化。

的园区。

一、发展现状分析

在全球经济结构调整、转变发展方式的时代背景下，银川经济技术开发区努力向高、新、轻三个方向调整转型，重点发展虚拟经济与实体经济有机融合、介于二产和三产之间的2.5经济新业态，由此银川iBi育成中心运用而生。经过四年的努力和发展，该园区已成为带动区域经济结构调整和经济发展方式转变的强大引擎，成为促进技术进步和增强自主创新能力的重要载体。银川iBi育成中心将全力打造成为西北地区集产、学、研、育为一体的“宁夏第一，西北一流，中国特色，融入全球”的高新技术产业智慧生态园区。

（一）集群发展，园区产业经济效益和带动作用逐年递增并突显，各新经济业态发展势态强劲

产业集群作为一种新的产业组织模式，既可以实现外部规模经济又可以实现中小企业的专业化，在增强地方产业竞争优势和拉动经济增长中发挥着重要的作用。银川iBi育成中心集聚了大量优质中小企业，其生产专业化程度高，企业之间相互关联，知识、技术和信息流动迅速，产业示范带动作用和经济效益逐年突显（见表1）。

表1 银川iBi育成中心发展状况

	2013年9月	2014年	2015年	2016年
入驻企业	120家	308家	512家	600家
从业人员	2000人	4200人	5100人	7500人
主营业务收入	10亿元	31.26亿元	33.8亿元	60亿元
企业利润总额		2.86亿元	3.72亿元	6亿元
自有知识产权		303项	590项	

数据来源于银川iBi育成中心年度工作总结。

1. 大数据应用

以西北大宗、银汇贵金属、天佑科技、希望信息、方达科技、西北明天科技、金智电子、纵横宝盈、电通物联网等企业为代表的大数据应用企业聚集发展，相继建成电子物流、农村沼气在线、奶牛养殖、消防物联网4个全国大数据平台和住房公积金、医疗社保、人口大数据、交通秘书等7个省级大数据平台。并在建筑、人口、医疗、住房、沼气综合利用、特种行业、商品营销等领域构建起了一批大数据服务体系，带动了车联网、智能电网、新能源、智能交通、智能城市、高端装备制造等新兴产业的发展，在服务民生等方面发挥着不可替代的作用，成为“智慧宁夏”建设的核心网络，树立了全国典范。如，金智电子的全国农村沼气综合应用大数据平台覆盖全国29个省区，是国家农业部指定的全国唯一一家实施沼气综合应用的大数据开发应用企业；宁夏希望信息产业有限公司深度参与了国家住房和城乡建设部全国住房公积金大数据平台标准的制定，积极推动宁夏成为全国公积金服务平台试点城市；新增电通物联网研发的“电梯安全监管物联网系统”，为乘客、使用单位、维保单位、监管部门等提供全生命周期的大数据服务。

2. 电子商务平台

涉及电子商务项目或领域的企业累计180余家，实现主营业务收入17.8亿元。培育了一批集交易、物流、支付等服务于一体的行业电子商务平台，B2B、B2C、C2C、O2O、P2P[①]金融电商等各类电子商务发展模式全面建成，业务领域涉及大宗商品、金融、电信、物流配送、商贸流通、智能交通、生活便民、旅游、教育、互联网金融等10多个领域。其中黄金、白银、农副产品等大宗商品线上交易额达到2890亿元，占全国网络交易

①B2B:Business-to-Business 企业对企业的电子商务模式 B2C:Business-to-Customer 商家对顾客的电子商务模式；C2C：Consumer-toConsumer 个人对个人的电子商务模式；O2O:Online-to-Offline 网上与网下相结合电子商务模式；P2P：Peer-to-Peer 个人对个人的信贷经融模式。

额的2.2%。其中，宁夏中阿电子商务有限公司开发优百贸跨境电商平台，设有中英阿三种语言，主要面对阿拉伯市场的建成运营，带动了本地鲜花、葡萄酒、清真食品等优势特色产业的发展；由天天鲜菜篮子公司与领航科技联合打造了社区O2O便民生活平台的运营，实现了鲜活农产品线上销售、线下即时配送服务；宁夏本源联创的中东贸易平台，专注于中东地区与宁夏市场贸易对接，将线上电子商务与线下实体联盟相结合，一站式托管及重度扶持让企业零风险做外贸，推动宁夏中小企业开展对外合作，助力本地产品走向国际市场。

3. 高端生物科技

园区聚集了高端生物科技研究、应用企业20余家，在畜牧养殖、农业种植、基因检测、干细胞研发、循环农业等领域应用广泛。奥特信息技术股份公司与韩国公司合作，促进了畜牧业IT化和智能化的深度合作；宁夏爱拉生物医药科技公司的现代农业生物科技在农业种植、设施园艺及医药领域应用广泛，对提升现代农业产业化水平、农产品食品安全等具有重要影响；宁夏乐嘉生物公司的基因检测、中航生物的干细胞研发等在国内领先。

4. 物联网技术

园区集中力量培育壮大了40多家在全区具有影响力的物联网系统集成、生产以及产品服务企业，初步形成了以物联网产品研发、生产、接入集成、营运与应用服务为主导的物联网产业“生态链”。园区物联网企业核心研发实力和产业带动示范能力不断增强，物联网产业化及推广应用进程不断加快，实现了物联网产品（服务）与电子商务、云计算、“智慧城市”、生产管理、现代农业、物流运输、节能环保等产业融合发展。奥特公司除在国内多个省区市培育了优势用户外，已在美国成立了分支机构，同时在韩国、新西兰、澳大利亚、哈萨克斯坦等国进行布局，成为全国第一家走出国门运用物联网技术服务畜牧业的企业。

5. 各类成果及科技创新奖项

截至2015年，共有高新技术企业20家，国家级企业技术中心1家，国家和地方联合工程研究中心8家，国家技术创新示范企业1家，国家科技成果转化服务（宁夏）示范基地1家，全国首个微电影研发基地，自治区级企业技术中心17家，工程技术研究中心3家，自治区技术创新中心9家，自治区工程实验室10家，科技创新能力不断提升。中阿（宁夏）国际技术转移中心、宁夏科技创新信息服务平台、《世界传统药物专利数据库》等项目的建成运营，稳步推进了全区知识产权的交易、转化和评估服务。园区先后获得国家电子商务示范基地、国家文化产业示范园区等10多项国家级示范、试点园区；荣获最佳服务园区奖、领军人物奖等10多个国家级奖项；10余家企业获得最具发展潜力企业奖、最具竞争力产品奖等奖项。

（二）通过各类政策扶持，鼓励中小企业发展壮大

1. 出台的政策和提供的服务

2014年国务院出台了《关于加快发展生产性服务业促进产业结构调整升级的指导意见》，在国家产业政策的指引下，2015年银川市出台了《促进金融发展若干实施细则》共12条，2016年出台了《关于促进电子商务发展的若干意见》，这些产业政策在人才培养、产业发展奖励等方面，促进了园区内企业的发展。园区也积极协同开发区政策法制办相继出台了《关于促进投资和产业发展的若干政策规定》《关于促进转型升级 创新发展的若干政策（草案）》《关于加快现代服务业发展的若干政策（草案）》《关于加快电子商务发展的若干办法（草案）》等等一系列政策和措施；园区还依托电子商务公共服务平台、银川软件动漫资金互助社、科技型小微企业风险补偿基金、软件行业窗口服务平台为企业提供资金互助、法律咨询、政策解读、人才培训等相关服务，建立起园区内企业间的合作和资源共享机制，极大地降低了企业运营成本。

2. “金豆子”培育工程

园区在2015年启动了“金豆子”培育工程，力推有优良项目和发展潜力的企业挂牌上市。通过举办上市培训、路演、加大融资等方式，助推企业到更大的资本市场。2014—2015年，园区内有15家企业分别在新三板挂牌上市，2016年又有宁夏电通物联网科技股份有限公司、宁夏新华物流股份有限公司、陕西诺维北斗信息科技股份有限公司等6家企业完成新三板挂牌。全年累计挂牌上市21家。已上市公司借助资本市场增强了融资能力，企业的技术研发和业务拓展水平得到了大幅度提升，企业管理更加科技规范，企业经济规模和实力不断增强。

（三）积极参与“一带一路”建设，打造丝绸之路发展新亮点

为了更好地利用宁夏作为“一带一路”的节点优势和中阿博览会的平台优势，积极参与“一带一路”沿线国家（地区）建设，搭建双边多领域交流合作平台，提升园区对外影响力与辐射带动能力。

银川iBi育成中心加快“向西挺进”步伐，于2015年4月同新疆多家企业和单位签订10项合作协议，业务涉及农业物联网应用、沼气应用推广、生物技术、大数据云平台智能管理、健康档案及基层医疗系统、智能楼宇、能源物流运输结算、软件研发、政府服务外包、电子商务、金融外包等新兴领域。

通过卫星网络搭建“天基丝绸之路”，为中阿双边国家地区的用户提供卫星通信、导航、遥感等应用数据交易服务，为中国卫星应用服务走出去寻求路径，打造中阿共同发展进步的国际服务平台。

宁夏智慧宫传媒公司在埃及、阿连酋成立了分支机构，已形成出版翻译、阿语教育、国际会展和国际代理服务四大核心业务，已翻译出版、版权输出中阿文图书560余册，实现了中国—阿拉伯国家互译市场80%以上的市场份额。智慧宫将充分发挥中阿资源优势，建立中阿文化产业交流合作基地，为宁夏主动融入“一带一路”，搭建文化交流合作平台，致力于

将宁夏建设成中国—阿拉伯国家文化产业核心区。

(四) 积极实施“人才兴区”战略，为企业发展壮大提供了技术支撑。

鼓励企业提高自主创新能力，不断提高企业的核心竞争力，各企业以本企业技术、研发及创新中心为平台，组建了一批创新团队，聚集了一批优秀科技人才，开发区每年都安排不少于500万元专项资金补贴，对企业引进高层次人才，开展技术人员培训、人才科技创新等方面都给予不同额度奖励支持。对带项目入驻园区的高层次人才给予最高1000万元奖励。建立了与宁夏软件工程院、宁夏软件学院学历和技能提升为目的的实用型研发人才培养、实训工作机制；与天津大学、浙江大学等12所高校联合开展科学研究项目，为园区高新技术产业发展提供了人才支持。已累计培养200余名研究生，400余名企业高管、职工；孵化导师总数达到80人，管理人员达到25人。

(五) 国家级文化创意产业示范基地建设日臻完善

园区聚集了宏强广告、盛天彩数字科技、伊兰传媒、宁夏乐众影视文化传媒、智慧宫文化传媒等80余家文化创意、影视动漫制作企业，业务领域涉及广告设计、制作、发布、大型活动策划、影视动漫制作，文化创意、微电影拍摄，新媒体广告开发等领域，并集中打造了一批具有本土特色的精品影视、动漫作品，提升了本地影视动漫产业原创水平和行业影响力。其中盛天彩数字科技股份有限公司作为第六批国家文化产业示范基地，实现了教育培训、动漫制作和动漫衍生品开发三大类事业发展，教育培训作为银川市政府重点扶持的动漫教育实训基地，为社会培养综合能力的复合型人才千余人，其动漫作品入选全球顶级CG年鉴《EXOT－IQUE》；育成广告文化产业园成功引进了全国首家阿拉伯国家文化出版业驻中国机构—阿拉伯出版商协会驻中国办事处，打通了中阿文化交流合作的“宁夏通道”，也是境外大型行业机构首次来宁设立驻中国办事处；园区内广告设计创意中心和新媒体广告产业基地已现雏形；

2016 年首届“中阿国际动漫文化节”的举办，将扩大园区动漫产业在全国的影响力。

二、存在的问题

银川 iBi 育成中心在四年时间里，其各项主要经济指标均保持了高速稳定的增长，其对区域经济发展的贡献日益显著，园区已逐渐成为新的经济增长点。虽然取得了令人瞩目的成绩，但其在发展过程中也暴露出一些明显的问题，体现在产业集群资源整合有待加强，产业规模有待提升；科技实用性人才缺乏，人才结构性矛盾比较突出；基于区域资源优势的特色产业体系尚未建立，同国内经济发达地区的高新技术产业园区等相比存在较大差距，这些问题将在很大程度上影响银川 iBi 育成中心的进一步发展。

（一）园区产业集群资源整合有待加强，产业规模有待提升

园区虽然聚集了一大批信息技术、生物科技、知识产权等高新技术产业企业，从产业布局看，信息技术形成了一定的基础，竞争优势明显，但生物科技、知识产权规模化优势还相对薄弱，存在市场发育程度较低、自主创新能力弱、原始创新产品少、企业发展实力不强的问题，如在全区智慧城市、政务云平台等重点工程以及区直部门行业信息化过程中，普遍存在被区外大公司“独吃”和招投标门槛过高的情况，本地企业因资质条件不够，无法参与具体实施。园区企业实力较弱，产业发展层次低、结构不合理，可持续发展能力弱。未能形成完整的产业链条，产业集群之间竞争合作和互动性不强，产业聚集水平基本属于起步阶段。

（二）科技实用性人才缺乏，人才结构性矛盾比较突出

随着企业的壮大和业务的拓展，在高新科技人才、国际金融和贸易人才、跨国经营人才、工商管理和高级行政管理人才方面仍显不足，人才资源结构性矛盾仍比较突出，还需尽快完善人才留园、人才落地、就业创业乃至置业的配套政策及人才服务基础设施。

(三) 基于区域资源优势的特色产业体系尚未建立

宁夏地处西部，独特的自然和人文环境优势，丰富的民俗文化资源和历史素材，西夏文化、回族文化、黄河文化、丝路文化都是发展宁夏高新技术产业所独具的丰富资源，其不可替代、不可移动。以宁夏动漫产业为例，丰富的历史民族文化素材是动漫产品所承载的重点。动漫形象作为一种文化传播媒介和艺术符号，其背后必然深深地传递着一个区域独特的风土人情和审美尺度。园区内的动漫企业没有塑造出传承宁夏精神和形象的动漫精品。

三、发展的路径

(一) 加快产业聚集，壮大园区产业规模

一是提升银川 iBi 育成中心核心业态发展规模和发展水平为主线，引进一批新兴产业领域的龙头企业入住园区，壮大园区产业发展规模，提升发展水平。积极开展与周边省区、北上广深等发达地区的招商引资、招商引智工作；二是鼓励境外设立分支机构或服务机构，吸引外资企业入园设立区域总部、分支机构、研发中心、营运基地等，开展商务咨询、服务外包、电信增值服务、大数据运营等业务，促进产业发展水平的提升。争取精专发展，争取进入跨国公司的配套体系，把园区建成为大公司大企业的成长摇篮。

(二) 发挥政府职能，加快产业园区建设

在政府的推动和引导下，找准宁夏高新技术产业发展的定位，按照完善产业链，提高产业集群的要求，创造良好的信息产业集群发展环境，一方面加强园区的厂房、交通、通信、水电气等基础设施建设，另一方面积极打造知识产权保护、法制环境、行政透明、政府管理职能、政策的延续性和文化氛围等软环境的建设。制定落实高新技术产业的政策法规，完善税收政策、财政政策、信贷政策、金融政策、人才政策、知识产权政策、政府采购政策、国际贸易政策、科技成果奖励制度、科技立项政策以及科技成果评价体系等。

(三) 完善产学研合作体系，突破核心技术，培育自主创新能力

依托高等院校、科研院所的知识、技术、人才优势，发挥政府、企业和社会中介机构的积极性，完善产学研、合作体系不拘一格引进急需的人才，重视留学生和华侨科学家的回流，建立高新技术孵化机制，提供高新技术成果产业化和创业的平台企业为研究机构和高校开发出来的新技术和新产品进行产业化，共生共荣，真正做到产学研相结合，共享人才资源，促进人才流动，挺高了园区的生产力。

(四) 注重精品工程建设，形成全产业链，实现宁夏文化资源价值最大化

精品工程拥有强大的生命力和竞争力，因此园区在现有的产业发展模式上，注重产品的内容开发，为产品注入活力和创新意识，将细腻的情感和思维启迪渗透到细节中，打造出精品工程。以动漫产业为例，通过开发动漫服饰、玩具、图书和游戏等衍生产品，特别是盈利空间比较大的动漫服饰和玩具，形成全产业链，使宁夏文化资源实现价值最大化，从而加强宁夏动漫产业在全国乃至世界范围内的影响力，提升产业水平。

宁夏促进“大众创业万众创新”的思路与对策研究

尚亚龙

2016年，全国“两会”期间出台《国民经济和社会发展第十三个五年规划纲要（草案）》，提出“要深入推进大众创业万众创新，把大众创业万众创新融入发展各领域各环节，鼓励各类主体开发新技术、新产品、新业态、新模式，打造发展新引擎”。结合中央精神与宁夏区情，大力推进“大众创业，万众创新”，改造与提升传统比较优势，加快培育经济新增长点，释放宁夏经济社会发展活力，对于建设“四个宁夏”，全面实现小康社会具有重大而深远的意义。

一、宁夏“大众创业、万众创新”现状及特征

（一）中央与地方顶层设计配套严密

2015年6月，根据当年《政府工作报告》的部署，中央出台《国务院关于大力推进大众创业万众创新若干政策措施的意见》，全面细致地提出了推进大众创业、万众创新的意见。2016年6月，为贯彻落实《国务院关

作者简介：尚亚龙，宁夏社会科学院综合经济研究所助理研究员。主要研究方向为产业经济。

于大力推进大众创业万众创新若干政策措施的意见》内容，推动形成大众创业、万众创新的良好发展环境，激发全区创业创新动力，出台了《自治区人民政府关于大力推进大众创业万众创新若干政策措施的实施意见》。中央与地方政府都高度重视“大众创业，万众创新”事业的开展，相继出台了促进事业发展的政策性意见，形成了配套严密的顶层设计。

（二）总理“点赞”宁夏行政审批改革经验

2016 年 5 月 9 日，国务院召开的全国推进简政放权放管结合优化服务改革电视电话会议，李克强总理在讲话中两次提到宁夏，并为宁夏“项目投资办理时限大幅度压缩”和“银川市一枚公章管审批”的做法“点赞”。2015 年 10 月，宁夏向社会公布了自治区级政府部门权力清单和责任清单，行政职权事项由 6264 项调整为 1941 项，压缩 69%；行政审批事项由 812 项精减为 304 项，减少 63%；非行政许可全部清零，新注册企业 2.67 万户。事实上早在 2014 年 7 月，天津滨海新区开创性的成立了行政审批局，以“一颗印章管到底”之时，就引起了银川市高层的关注。效仿该项成功改革经验，经考察研究自治区同意银川市设立了银川市行政审批服务局。此后公开办理的事项全部进驻政务服务大厅，审批效率平均提升 75%，有力地鼓舞了宁夏群众创业创新的热情与激情。

（三）小微企业各项发展措施得以完善

为激发小微企业发展的动力与活力，2015 年 6 月，宁夏出台《关于扶持小微企业健康发展的若干意见》，从财税、融资、创业创新、公共服务方面的实施措施，积极扶持小微企业发展壮大。其中，财税方面，自治区扶持中小企业发展的各类专项资金都要将小型微型企业纳入支持范围，设立中小微企业发展基金，重点支持初创期、成长期小微企业发展。融资方面，扩大小微企业“助保贷”规模，开展贷款保证保险试点，鼓励保险机构提供小微企业贷款保证保险产品等。创业创新方面，按照“非禁即入”原则，允许“一址多照”，推行“先照后证”和“三证合一”；对新创办小微企业的房产税、城镇土地使用税实行“三免三减半”政策，对新认定的自治区小微企业创业孵化示范基地给予 50 万元 –100 万元业务补助。公共服务方面，通过政府购买服务、业务补助等方式，引导各类服务机构入驻服务平台网络，为小微企业提供管理指导、技能培训等服务。

（四）创业创新平台不断涌现

2014 年以来，以银川 IBI 育成中心、“中阿购”“中阿淘”在线电子商务平台、石嘴山市青年电子商务创业孵化平台“e+ 众创空间”、原州区电商孵化园等创业创新平台纷纷涌现，为“大众创业，万众创新”提供了有效的发展平台。2015 年，宁夏政务云平台正式交付运营上线，为广大的实施创业创新的单位和个人提供了高效便捷的公共服务。作为宁夏唯一一家专为中小企业转型发展以及创业、创新提供服务的平台，2016 年 6 月，宁夏双创科技园及创客空间也在宁夏创业谷·中小企业产业新城顺利落成。

（五）全力支持大学生创业与农民工返乡创业

宁夏 16 所高校设立了毕业生就业创业指导服务机构，1 个国家级大学科技园，1 个自治区级大学生创业孵化园，5 个校级大学生创业园区，4 所高校设立校级创业资金共 1000 多万元，为大学生提供培训、指导、资金等创业支持。自治区连续两年投入近 8000 万元资金，对全区已建成的 207 个失业人员创业园、设施农业创业园、科技示范创业园、养殖业创业园、等示范园区进行补助，为农民创业者搭建了优质的创业平台，引导返乡农民入园创业。2014 年至 2015 年 3 月份，全区农村劳动力参加创业培训 7348 人，成功创业 5135 人。

（六）科技成果丰厚，产学研协同创新初具规模

近年来，在宁夏组织实施国家和自治区科技项目 584 项中，也攻克了一批重大关键技术。其中，取得自治区科技成果 210 项，引进转化科技成

果120项。截至2015年10月，全区依托大专院校、科研院所和企业，组建了22个国家和自治区级重点实验室、39个工程技术研究中心、143个自治区技术创新中心，支持有条件的骨干企业与科研院所、高校联合组建了9个国家自治区产业技术创新战略联盟。国家科技基地达到17个，全区科技服务机构发展到320家，建成国家和自治区科技企业孵化器10家。

二、宁夏“大众创业、万众创新”面临的主要问题

综观全球，经济下行的首要原因是需求的相对萎缩，而产业经济的发展面临的最大挑战就是需求不足。当前，需求萎缩加之思想意识、财税政策、金融扶持、后续服务以及科研体制方面存在的一些问题，也是宁夏在推动大众创业、万众创新之际面临的主要问题。

（一）思想意识存在局限，“处长经济”依然存在

衡量市场是否有活力，并非取决于市场中的大企业规模有多大，而在于中小企业的数量与活跃程度。但是，如果不能突破思想意识方面的局限，不能正确处理好政府与市场的关系，不能坚定不移推行反垄断，特别是打破行政性垄断，就无法为中小企业和创新型企业腾出空间，市场就会没有活力，创业创新也就没有动力。调研发现，宁夏各级党委、政府、以及基层创业群体对于“大众创业，万众创新”的热情较高，但是，一些职能部门反响不够积极，思想意识容易被条条框框束缚，执行政策较为死板。一些行业领域不同程度地存在着限制竞争、限制进入的行业垄断现象，使得创业过程中的小微企业遭遇“旋转门”。一些地区领导热衷引进“大企业”，上马“大项目”，对“小企业”“小项目”置若罔闻，“处长经济”现象依然存在。

（二）财税政策存在缺陷，操作机制不够完善

贯彻落实国家关于“大众创业，万众创新”政策方面，宁夏在财税配套政策执行的过程中，暴露出一些问题。一是缺乏专门对创业创新性中小

微企业的税收优惠政策。自治区规定对新办小微企业房产税、城镇土地使用税“三免三减半”优惠。但根据有关税法，土地使用税纳税人为土地使用权人、房产税纳税人为房屋所有权人，而很多新创办的小微企业多数是租赁房屋，因此无法享受该优惠政策。对于高新技术企业有一定的税收优惠政策，但认定条件和认定程序较为严格，一般创新性中小微企业无法满足这些条件，所以无法享受优惠政策。二是中小企业无法享受到鼓励研发的优惠政策。国家为鼓励企业研发创新，实行了企业税前扣除研发费用的政策，但由于政策门槛过高，宁夏大部分中小企业无法享受该项优惠。三是中央财政对宁夏创业投资机构支持力度较弱。由于宁夏创业投资机构市场较小，符合国家科技成果转化引导基金、创业投资、风险投资补助政策条件的投资机构较少，导致中央财政对宁夏创业投资机构的支持力度较弱。

（三）金融扶持力度不足，难以满足创业创新需求

创业创新需要资金保障，从扶持创业整个过程来看，除了政策扶持，更多的后续服务要借助社会专家团队的指导、金融机构的资金扶持、政府公开透明管理才能实现。受多重因素影响，银行对企业的信贷投放趋于谨慎，企业融资难问题更加突出。部分市县支持的创业小额担保贷款担保基金注入不足，可贷款总额小，难以满足创业创新需求。自治区统计局2015年的一项调查显示[①]：68%的小微企业存在资金紧张问题，80%的小微企业认为获得银行贷款非常困难或比较困难。对于民间借贷，被调查者普遍认为民间借贷比银行贷款成本高，但从银行贷款比较难，不能满足企业发展壮大的需求。

（四）创业指导服务滞后，后续纵深支持不力

“创业项目库”的建设上还存在不足，专业化的专家服务咨询机构不

---

①闫林：《宁夏小微企业对金融服务的需求》，《统计与经济》2015年第1期，第58—59页。

足，指导创业的作用发挥不够。尤其是对于创业项目的推荐指导是目前最大的短板。2008 年建立的“创业项目库”早已落伍，而新的“创业项目库”又未能及时建立，造成无创业指导项目可推荐的尴尬局面，影响了创业者的积极性。同时，社会化中小企业服务机构发育缓慢，尤其是从事融资担保、市场开拓、管理咨询、技术创新等专业化服务机构数量少，规模小、实力差，不能满足企业发展需求。另外，后续纵深支持力度较弱，服务覆盖面不宽。外地大学生毕业后在宁夏创业不满三年无法落户，影响工商注册、税务登记。大学生创业信息平台分散，容易导致创业设计雷同、技术陈旧。非公有制企业、尤其是中小企业没有申请国家重点项目的通道。创业孵化园区重建设、轻管理，孵化功能有缺失现象，示范带动作用发挥不够等问题比较突出。

（五）科研体制不够健全，科研创新急功近利

受经济社会大环境影响，当前全区科研创新方面暴露出的问题也不少。一是试错机制不健全，宽容失败的氛围不浓。科技立项难，项目执行期短，科研成果评价只许成功、不许失败、急功近利心态严重，导致原创性科研成果极少，研究成果“山寨化”。二知识产权保护不力，立法模式过于分散。当前我国对知识产权的保护主要是根据《著作权法》《专利法》《商标法》《反不正当竞争法》等法律，但这种立法的模式过于分散，对知识产权制度中一些共性的内容缺乏统一规定，且各法之间内容有所重复，造成立法资源的浪费。三是科研机制不自由，严重影响学术交流和科研能力提升。科研人员大量精力用来跑资金项目、应付各种评估检查等，疲于奔命，同时又受各种客观因素制约，科研人员进修、出国、出差开会受到严格限制。四是科研资金投入不足，产学研协同创新成果不多。受经济下行压力的影响，企业对科技创新的投入降低，自治区财政用于科技创新的引导资金有限，一些产业共性、关键技术的研究和突破缓慢，效果不明显。

三、促进宁夏“大众创业、万众创新”的思路

深入推进“大众创业，万众创新”必然是今后五年工作的重点。与此同时，贯彻落实新发展理念、适应把握引领经济发展新常态，着力推进供给侧结构性改革，满足广大人民日益增长、不断升级和个性化的物质文化需求也是今后改革与发展的主线。因此，能否把微观主体的积极性充分调动起来，让产、学、研各方面力量充分整合从而进一步提高全要素生产率，以创业带动就业，以创新驱动发展，是“大众创业，万众创新”走向成功的关键之匙。

（一）深化改革，转变政府职能，打破垄断格局

促进宁夏“大众创业，万众创新”顺利开展，从而实现宁夏经济转型升级，关键在于能否在以简政放权为重点的政府改革方面取得成功，能否理顺政府与市场之间的关系。首先要推动政府职能由行政审批向公共服务转变，深化商事制度改革，为创业创新提供便利。要全面落实注册资本由实缴登记制改为认缴登记制。简化名称登记手续，放宽经营范围登记，放宽市场主体住所（经营场所）登记条件。全面实施企业投资项目备案制。除需报国家核准的项目外，将自治区核准权限内的项目进行分类改革，其中不涉及公共资源开发利用的项目一律取消核准，改为备案管理。整合各级政府现有的信息资源，实行全程电子化网上备案。建立全区统一的电子政务平台，政府各部门之间建立互联互通的信息系统，实现审批信息共享。其次，要打破地方行政垄断造就的利益格局、消除地区之间、行业之间的市场壁垒，为创业创新扫除障碍。国务院《关于大力推进大众创业万众创新若干政策措施的意见》明确指出，要创新体制机制，依法反垄断和反不正当竞争，消除不利于创业创新发展的垄断协议和滥用市场支配地位以及其他不正当竞争行为。为此，要切实加强反垄断执法，打破地方保护，清理和废除妨碍全国统一市场的规定和做法，纠正地方政府部门个别

领导利用行政权力、排除竞争的行为，探索实施公平竞争的审查制度。

（二）清费减税，激励创业创新欲望回升

合理的税收制度不但是政府治理能力的体现，也有利于激励群众创业创新的欲望。一是要“清费减税”。清费减税，不单是给企业和居民减负的问题，更是关系国民经济稳定、健康、有序的问题。“发达国家行政公务支出占财政全部收入的比重最低是2.5%，最高的达到19%，而我国实际公务支出占比达35%以上”①，既影响企业生产，又影响居民消费水平的提高，使税收的杠杆作用没有得到很好的发挥。清费过程中一些审批环节与公务支出会被取消，有利于促进企业生产与大众创业。二是要进一步加大对现代服务业、新兴产业、中小微企业、创业创新方面的减税力度。特别是要加快有利于中小微企业和鼓励创业创新的企业所得税、个人所得税的税制改革，使中小微企业减税占服务业、新兴产业减税规模的70%以上。三是要争取中央财政加大支出支持宁夏中小企业发展。建立有效风险防控机制条件下，设立中小企业创业投资引导基金、科技创新基金。各市县根据自身特点设立新兴产业发展和支持创业创新的引导基金，吸引金融资本和社会资本进入。

（三）创新模式，探索建立高效融资通道

银行等金融机构是企业融资的主要渠道，但占据金融市场主体地位的国有银行和大型银行偏向于大企业贷款，中小微企业和初创企业贷款融资难问题一直悬而未决。为此，需要不断创新金融服务模式，积极探索建立便捷高效的融资通道，鼓励发展为中小微企业和创业创新服务的中小银行体系。一是大力发展社区银行。发挥宁夏银行、石嘴山银行、黄河农村商业银行等地方性商业银行的区域布局及信息优势，发展社区银行，降低小微企业融资成本。二是鼓励小微金融机构变身为中小银行。鼓励一部分经

①迟福林主编:《啃下结构性改革硬骨头》,见《转型抉择——2020:中国经济转型升级的趋势与挑战》,中国经济出版社,2015年。

营运转比较成熟、信誉度高、业绩突出的担保公司、小贷公司发展为专门为小微企业服务的中小银行，将部分民间借贷组织合法化，适度放宽对其资产规模、区域分布、业务范围的准入条件。三是修订《宁夏小额担保贷款管理办法》，在贷款额度、贷款条件、担保方式等方面进行突破，设立支持中小微企业贷款的担保基金，帮助中小微企业降低融资成本。四是要加大互联网融资平台建设。建议宁夏利用内陆开放型经济试验区“先行先试”政策优势，设立“双创公益众筹平台”，与金融服务行业共同努力推动宁夏大众创业、万众创新事业发展。

（四）加强指导，重视创业创新后续扶持

从扶持创业的整个过程来看，除了政策扶持，更多的后续服务还需要借助社会专家团队的指导、政府公开透明的管理才能实现。为此，一是要建立全区统一的创业信息服务平台，完善创业“专家咨询团队”和“创业项目库”，进一步加强创业引导工作。鼓励发展社会化中小企业服务机构，尤其是从事融资担保、市场开拓、管理咨询、技术创新等专业化的服务机构。二是放宽限制条件，全方位扶持大学生创业创新工作。大学生创业工作，放宽外地大学生毕业后到宁夏创业满三年落户的条件限制；允许高校将资产划出一部分折合成股权与大学生的创业创新项目合作，解决大学生创业资本金不足问题。在全区各类科技孵化园、创业园区集中建设大学生创业场地，以免租金方式扶持大学生创业。

（五）迎接挑战，树立正确的创新激励机制

麦肯锡公司研究报告指出，只要有正确的激励机制，中国的科学家、工程师和企业家都渴望去迎接为全球市场开发产品的挑战。一是要建立有利于创新的良好的社会氛围，创建一个可以帮助创新者分担创新风险的机制，使之勇于创新。二是要做好知识产权的保护工作，杜绝科研成果“山寨化”现象产生。首先，要抓紧研究出台《关于加强宁夏回族自治区知识产权保护的意见》，依据现有《著作权法》《专利法》《商标法》中的条款规定，对侵犯知识产权行为的惩治做出具体规定，做到有法可依。同时加强知识产权审查，实施重大经济活动知识产权评议，引导企业加强知识产权管理。其次，要尽快争取成立知识产权法院，并通过教育、培训、引进等多种途径，培养一批专业化的法官队伍。最后，要建立知识产权信息和运营交易服务平台。建立财政资助项目形成的知识产权信息披露制度，推动专利、商标、版权等基础信息免费或低成本开放，活跃创业创新。三是推动科研工作管理制度改革。简化不必要的评估检查项目，推行弹性工作制度，鼓励并支持出于科研目的的学习、进修、研讨、出差等，以科研成果、学术水平衡量其工作能力与业绩。四是进一步加大科研资金投入。加大自治区用于产学研协同创新的引导资金，提高科技创新成果的实际转化应用能力，并对于在重点领域、关键技术的研究方面取得突破的研究单位和个人给予重大奖励，激励创新积极性。

（六）加快转型，拓展创业创新发展新空间

随着宁夏经济发展水平的不断提高，服务业增加值占地区总产值的比重不断上升。以现代服务业为主导发展经济有利于优化产业结构、节约能源、扩大就业、减少污染，尤其是以“互联网+”为代表的新技术的应用，使得传统产业再造面临很多机遇，许多行业可以通过在线定制实现大规模的去中介化。一是要搭建研发、生产大数据服务平台。建立一批能够实时监控企业研发、生产情况的大数据平台，为政府制定产业指导政策、为企业实施市场化经营决策提供参考依据。尤其是要促进制造业数字化、网络化、智能化发展水平得到改造升级。二是要以服务升级带动技术升级，提高服务环节的专业化、精细化。技术升级与服务需求直接融合，技术升级如果不能反映服务需求的变化就很难产生内在动力，就很难有好的市场前景。三是要加快发展服务贸易。贯彻落实自治区《关于加快发展服务贸易的实施意见》，在促进服务业对外开放、推动服务贸易转型升级、扩大文化贸易规模、提升国际服务竞争力等方面加大工作力度。

宁夏农村一二三产业融合研究

张耀武

党的十八届五中全会明确提出："着力构建现代农业产业体系、生产体系、经营体系，提高农业质量效益和竞争力，推动粮经饲统筹、农林牧渔结合、种养加一体、一二三产业融合发展，走产出高效、产品安全、资源节约、环境友好的农业现代化道路。"2014年12月中央农村工作会议首次提出"要把产业链、价值链等现代产业组织方式引入农业，促进一二三产业融合互动"，2016年1月发布的中央一号文件中，再一次提出了促进农村一二三产业深度融合，推进农业产业链整合和价值链提升的要求。为我国现代农业发展指明了方向。推进宁夏农村一二三产业融合是主动适应经济发展新常态、加快转变农业发展方式、促进现代农业发展、增加农民收入的重大战略举措。

一、农村一二三产业融合的内涵

（一）农村一二三产业融合的内涵

农村一二三产业融合是建立在农业生产规模化、专业化、组织化基础上

作者简介：张耀武，宁夏社会科学院综合经济研究所研究员。主要研究方向为农村经济、贫困问题。

的融合，是多种经营方式共存、多种利益方式共赢、多种改革机制共进的融合，是农业产业化的升级版和拓展版。其实质是以农业为基本依托，通过产业联动、产业集聚、技术渗透、体制创新等方式，将资本、技术以及资源要素进行跨界集约化配置，使农业生产、农产品加工和销售、餐饮、休闲以及其他服务业有机地整合在一起，使得农村一二三产业之间紧密相连、协同发展，最终实现农业产业链延伸、产业范围扩展和农民增加收入。

（二）农村一二三产业融合的特征

融合的基点是农业。通过产业融合发展，联结农产品生产、加工、贮运、销售各个环节，实现生产要素的重新组合，打通农村与城市的流通渠道，推动农业产业链升级，提高农业竞争力，保证农民收入的持续增加。融合的重点是农产品加工业。加快发展农产品加工业，带动工业和农业的相互作用、相互延伸，是推动一二三产业融合的最便捷渠道。融合的主体是新型农业经营体系。完善对家庭农场、专业大户、龙头企业和农民合作社等新型经营主体的扶持，适度扩大农业经营规模，是推动一二三产业融合的必要条件。融合的驱动力是创新。通过“互联网 +”的创新发展，推动科技创新，大力发展高新科技农业和智慧农业，优化劳动力、资本、土地、技术、管理等要素配置，促进产业融合。

（三）农村一二三产业融合的意义

一是有利于推进农业结构调整和农业产业化的发展，促进农业发展方式转变。二是有利于推进城市资本和生产要素进入农业产业，促进以城带乡。三是有利于延伸农业产业链，带动农民参与农产品加工业和流通、旅游等农村服务业，拓宽农业发展空间和农民增收空间。四是有利于发挥信息技术、农村电商等现代服务业对促进农业价值链升级，提高农业竞争力和附加值的引领、支撑、带动作用，打造农业经济新增长点。五是有利于加强农村传统文化保护，通过农业与旅游、教育、文化、健康养老等产业深度融合，合理开发农业文化遗产，建设一批具有历史、地域、民族特点的特色乡村旅游示范村镇，打造农业科普和农事实践基地，使传统的农耕文化得以延续。

二、宁夏农村一二三产业融合的实践与探索

进入21世纪以来，宁夏依据丰富的土地资源、便利的农业灌溉条件、充足的光热资源，充分发挥农产品的鲜明特色和清真品牌的独特优势，突出发展优质粮食、草畜、蔬菜、枸杞、葡萄“1+4”特色优势产业，走特色产业、高品质、高端市场、高效益的“一特三高”现代农业发展之路，为农村一二三产业融合发展奠定了坚实的基础。2015年启动的一二三产业融合发展试点工作，按照“以农业和粮食适度规模经营为切入点，以新型农业经营主体为支撑，以生产经营合作或农村土地股份合作为主要方式，推动粮食等主要农产品生产、储存、加工、销售一体化融合发展，延伸农业产业链，建立现代农业产业体系，提高农业附加值，培育农村新业态，拓展农民增收新渠道”的总体思路，着力探索农村一二三产业融合的方式和利益共享的实现机制。

（一）宁夏农村一二三产业融合试点的内容

1. 推进农业向二三产业延伸

通过引导农民以资金、土地经营权、交售农产品入社或入股的方式组建合作社，以自治区确定的“1+4”特色优势产业为重点，通过生产经营合作、土地股份合作等方式，推进新型农业经营主体发展多种形式的适度规模经营。积极推进不同经营主体之间的契约融合，通过订单生产、合作协议、产供销对接等方式，强化一二三产业的有机融合，重点探索形成长期稳定的购销关系和合理的农产品购销价格，逐步建立一二三产业之间的利益联结机制，充分保护农民利益，让从事第一产业的农民能够分享产业链增值的更多收益。

2. 依托龙头企业带动一二三产业融合发展

龙头企业是产业融合的引领者，也是资源要素融合渗透的推动者，在推进农村一二三产业融合发展中具有重要作用。通过企业与农户或新型经营主体签订订单或合作协议、农户向新型经营主体注资或以土地经营权入股等形式，建立长期、固定的契约关系，通过订单生产、承贷承还、贷款担保、产供销对接等多种方式，建立有效的企农利益联结机制，加强家庭经营、合作经营、企业经营等生产经营合作，实现生产、加工、销售、品牌培育等环节的有机整合，增加农业附加值。

3. 打造休闲农业和乡村旅游等新业态

近年来，自治区提出“全域旅游”发展战略，并启动三年行动计划，大力发展休闲农业和乡村旅游业新业态，积极争创休闲农业“国家品牌”，黄河金岸和贺兰山东麓被确定为全国休闲农业精品线路；银川市、平罗县等 8 个市县跻身全国休闲农业与乡村旅游示范市县行列；兴庆区掌政村、隆德县红崖村等 6 个村荣获“中国美丽休闲乡村”称号；彭阳县梯田景观、盐池县哈巴景观等 5 个大地景观被评为“中国美丽田园”；《中宁枸杞种植系统》和《灵武长枣种植系统》入选《国家重要农业文化遗产名录》；惠农金岸红柳湾山庄、灵武市丹碧园农庄等 43 家休闲农庄（园）被评为国家星级示范休闲农庄。全区休闲农庄发展到 684 家，从业人员 1.76 万人，带动了 10 多万农民受益。休闲农业和乡村旅游发展模式主要有黄河大漠观赏型、休闲垂钓型、生态观光型、认知采摘篱园型、休闲农庄型、农家特色餐饮型等。

4. 推进物流业和“互联网 +”农业发展

推进信息进村入户，建设县级农业信息中心 22 个，物联网技术示范基地 32 个，通过开展农村电子商务示范工程，逐步推进电子商务服务网络向农产品批发市场、中介组织及经营农户延伸。逐步建立覆盖主要农产品网上流通渠道监测数据收集系统，鼓励发展适合农产品特点的农村现代物流配送体系。利用新技术、新业态、新模式向农业生产、农产品贮运、加工、营销等各个环节和领域渗透融合，使一二三产业边界逐步模糊。

5. 重点扶持农业盈利性服务组织发展

重点培育测土配肥、统防统治、农机服务、产品营销、技术培训等盈利性社会化服务组织发展，鼓励社会资本投入农村服务业。建立农业综合服务站、信息服务平台、粮食银行、产业联盟等多种社会化服务平台，实现农业社会化服务主体多元化、类型多样化、运行市场化，形成经营性服务组织与公益性服务组织相结合、专项服务与综合服务相协调的新型农业社会化服务体系，为农村产业发展提供农资供应、涉农信息发布、个性化测土配方施肥、农机租赁、植保统防统治、农业科技培训推广、农产品购销、农资贷款担保和农业保险等专业化服务。

（二）推进宁夏农村一二三产业融合发展的困难和问题

宁夏农业产业化发展取得了显著成效，人均粮食、蔬菜、牛奶、牛肉、羊肉占有量均居全国前 5 位，优质粮食、清真牛羊肉、奶牛、瓜菜、枸杞、酿酒葡萄等特色优势产业产值占农业总产值的比重达到 86.5%，占农民收入的比重达到 43% 。但一二三产业融合发展刚刚起步，与全国相比仍面临着如下一些突出困难。

1. 土地经营规模小，产业融合难度大

根据全区土地确权登记和土地流转面积统计，目前土地流转面积总量小，农村土地经营 70%以上仍以个体农户经营为主，土地经营规模小而分散。截至 2016 年底，全区完成农村土地确权登记有 2105 个村 97.6 万户，面积 1568.9 万亩，占计划确权面积的 96.5% ；平均每户经营土地面积 16 亩。土地经营权流转面积 296.0 万亩，占家庭承包经营耕地面积的 26.7%；参与土地流转的农户 33.6 万户，占家庭承包总农户的 39.3%，户均流转土地 8.7 亩 。现代农业和二三产业融合需要规模化、生态化、多功能化、可持续化的发展，传统的小规模分散化的农业经营模式严重制约现代农业和二三产业的融合发展。

2. 农业设施薄弱，产业融合基础差

宁夏现有耕地1655.23万亩，其中水田60.7万亩、水浇地554.87万亩、旱作农田1039.68万亩，由于农业基础设施建设滞后，影响农业产能的进一步提高和产业融合的发展。一是北部引黄灌区40%左右的骨干渠道建筑物老化损坏严重，节水灌溉设施配套率低，支、斗渠砌护率不足50%，输水损失大；骨干排水沟道淤积严重、排水不畅。二是中南部扬黄灌区主要水利设施建设年代久远、建设标准较低，同心、固海、盐环定三大扬水工程设施及设备老化失修严重，安全供水难度大。三是中南部地区旱作农田建设水平低，水土流失严重的局面未得到彻底改观，农业生产能力弱。四是冷链物流体系不完善，农产品保鲜仓储、冷链运输设施不足。

3. 现代农业经营主体规模小，产业融合能力弱

全区规模化农业企业数量少，国家级龙头企业仅有21家，宁夏股权托管交易中心挂牌交易企业134家，培育进入新三板企业23家，销售收入过亿元企业60家，分别占全区自治区级以上农业产业化龙头企业总数的5.1%、32.8%、5.6%、14.7%，80%以上的龙头企业年销售收入不足1亿元。全区农村专业经济组织规模小、结构松散、经营能力弱，现有5442家农民专业合作社，平均规模不足100户，对农业产业发展带动能力不强。家庭农场全区仅有2200家，仅占全区农业产业融合三大经营主体总数的27.57%。由于真正具有带动能力的新型经营主体少，带动产业融合的能力不强，新业态、新产品、新模式和新产业发展慢。

4. 农业社会化服务业发展滞后，科技支撑能力不强

一是生产性农业社会化服务业发展滞后。目前全区农业社会化服务组织发展不平衡，主要从事有偿的农资营销、农机作业、农田灌溉、粮食银行、代耕代种代收代销等农业社会化服务组织滞后，数量少、规模小、经

营服务项目单一，与农业产业融合发展的实际需要还有较大差距。二是农村综合性信息化服务平台建设滞后。全区电商平台发展迅速，但农村综合性信息化服务平台建设滞后，农村电商发展覆盖面小，还不能为全区所有农户提供电子商务、乡村旅游、农业物联网、价格信息、公共营销等方面的服务。三是农业科技人才短缺、科技支撑能力不强。随着农业社会化服务机构人员的老龄化发展，农村实用科技人才大量短缺。农业科技创新和科技推广能力薄弱，高新技术成果有效供给不足，农户家庭养殖场机械化、智能化水平极低。四是金融服务“三农”的能力和水平低。据调查，2015 年全区开展农村信贷业务的县域金融机构只有农业银行、农业发展银行、邮政储蓄银行、农村信用社和村镇银行 5 家。农业银行在少数乡镇设有营业网点，其信贷业务逐渐转向城市；农业发展银行只在县城设有营业网点，主要为国有粮食流通企业提供服务；邮政储蓄银行机构较多，但农业信贷刚刚起步；农村信用社营业网点全面延伸到乡镇，但由于自身实力不强，不能满足农村农业信贷需求；村镇银行成立较晚，存贷规模小；全区已在 1230 个村建立了农村互助资金，但资金规模小，村均规模不足 60 万元。农村金融发展滞后是制约农业产业融合发展的重要因素之一。

5. 农民权益保护制度不健全，产业利益联结松散

农村产业融合的过程，也是推进农村特质资源、特色文化开发及其与资金、技术、人才等生产要素优化组合的过程。当前许多地方在农村资源开发和产业融合项目的选择中，如何有效保护当地农村和农户的基本权益，尚未形成有效的制度安排。农村利益联结机制主要是订单式农业和流转承包农业，与农民利益联结比较紧密的股份制或股份合作制农业所占比例极低。如何完善农村一二三产业融合的利益联结机制，让领军企业或产业链核心企业更好地带动一般经营主体提升参与能力、扩大参与机会，从而间接带动农户提能增收仍是一个亟待

解决的问题。

三、积极促进宁夏农村一二三产业融合发展

农村一二三产业融合发展是农业产业化经营在新常态下的升级版，必须坚持创新、协调、绿色、开放、共享发展理念，注重规划引领，把握基本准则，建立共享机制、培育经营主体、加大政策扶持，让有限的农业资源在产业链和价值链上的增值更多惠及农民。

（一）注重规划引领，创新产业融合发展理念

1. 优化空间布局，明确发展方向

《宁夏空间发展战略》提出把宁夏作为一个城市规划建设的思路，宁夏现代农业发展也应该根据全区土壤、气候、水、光照等特征，积极推进产业布局区域化。在不同的区域，建立农村一二三产业融合发展示范区，引领农村产业融合加快发展。北部引黄灌区应以农业综合生产能力提高和节水型灌区建设为重点，积极推进农业产业规模化、标准化、科技化发呢，形成以优质粮食、枸杞、葡萄、奶产业和适水产业为主的现代农业产业融合发展体系。中部干旱带应大力推广节水技术，扩大红枣、硒砂瓜、小杂粮、饲草等种植规模，发展畜牧养殖，打造农牧并重、草畜结合、特色发展的现代旱作节水农业融合发展体系。南部黄土丘陵区应重点发展马铃薯、冷凉蔬菜、苗木、中药材和以肉牛肉羊养殖为主的草畜产业，形成具有地方特色的现代生态农业产业融合发展体系。坚持农产品产地初加工和精深加工相结合，鼓励龙头企业向优势产区、产业大县集聚，形成一批农产品加工产业园区和聚集区，实现就地加工转化增值。发展商贸流通、市场开拓、电商业态、旅游农业协调发展，提升农村三次产业融合发展的质量和水平。

2. 创新发展理念，推进农业经营“四化”发展

用工业化的理念抓农业，推进农业工业化发展。一是推进生产经营组

织化。要用现代工业的组织形式抓农业生产，通过产业链延伸将分散的各类经营主体和农民组织起来，利用各种形式的联合形成分工协作、集约经营，促进各类生产要素的合理流转和配置，实现农户与市场的有效对接。二是推进服务保障专业化。坚持主体多元化、服务专业化、运作市场化方向，加快构建公益性服务与经营性服务相结合、专项服务与综合服务相协调的新型农业社会化服务体系，为农村产业融合提供服务保障。三是推进技术装备现代化。加快推进农业科技创新能力建设和协同创新联盟建设，加强新品种、新技术、新装备的引进、示范和集成应用，加大重点科研项目、共性关键技术攻关力度，探索完善科研成果权益分配激励机制，形成健全完善的科技研发推广服务体系。四是推进经营主体职业化。农业经营主体的职业化，是产业融合的必然选择。随着农业生产分工越来越细化，对农业经营者专业化的要求也越来越高，工厂化的生产基地建设需要推进农业经营者的职业化发展。

3. 推进农业供给侧结构性改革，促进“三产”融合

围绕市场需求，深入推进农业供给侧结构性改革，优化农业资源配置，增加农产品的有效供给，在调结构、提品质、促融合、降成本、补短板上做文章。调结构，就是要调整优化农业的产品结构、生产结构和区域结构，合理开发农业资源，为消费者提供品种多样的产品。提品质，就是要下大力气提高农产品的质量安全水平，大力推进标准化生产、品牌化营销，以适应城乡居民食品结构升级的需要。促融合，就是要促进农村一、二三产业融合发展，把农业生产与农产品加工、流通和农业休闲旅游等业态融合起来，培育壮大农村新产业、新业态，让农民通过介入农产品加工、销售和新业态等产业链条，获得更多收益。降成本，就是要通过标准化、规模化的生产、专业化、现代化的服务，着力降低农业的生产成本、流通成本、营销成本，实现节本增效。补短板，就是要持续改善农业的基础设施，加强农业资源的保护和修复。

（二）把握产业融合准则，促进农民增收

1. 确保农民土地承包经营权的初级收入

随着土地所有权、承包权、经营权的“三权”分置，以适度规模经营为主要特征的农村土地经营制度让农民的收益实现了多元化。土地承包自主经营收益以及经营权的流转收益成为农民主要的初级收入。目前全区农村土地流转适度规模经营蓬勃发展，这样既可以将农民从土地的羁绊中解放出来，从事二三产业，获得转移就业收入，又可以获得稳定的土地流转收益。因此，要进一步完善土地流转管理制度，使农民的初级收益得到保障。

2. 推广土地入股经营模式，增加流通增值共享收入

在实践中，种、养、加一体化经营的增值率可达 50%~60%，特别是通过产后的产品流通、品牌创造等，增值率就会翻番。通过土地入股，可使农民获得加工、流通和销售的增值共享。而实现共享的最大困难是企业不愿意采取入股的方式让农户分享除生产环节以外的增值收益。要从根本上实现农民的增值共享，必须发挥市场的决定性作用和政府的主导作用，提高土地流转费，促使企业主动接纳农村土地入股，倒逼企业建立现代企业制度，提高精细化、科学化管理水平，实现农民获得加工、流通和销售的增值共享和企业发展的双赢。

3. 培养职业农民，增加工资性收入

以家庭农场场主、农业大户经营者为代表的职业农民已经成为现代农业发展的重要组成力量，农业产业工人是目前土地流转后农业劳动力转向一产务工的一种发展趋势。随着农业产业化分工越来越细，对产业工人专业化要求也越来越高，培养职业农民已经成为政府和企业的职责。因此，要加大职业农民培训力度，采取多种培训方式，使土地流转后的农民更多成为农业产业工人，增加工资性收入。

4. 开拓新型业态，增加经营性收入

要通过发展农村农产品加工、农产品物流、乡村旅游、农村电商等方

式，让农业产业链增值的成果更好地留在农村，增加农民转移就业增收的机会。统筹推进农业与旅游、教育、文化、健康养老等产业深度融合。积极发展多种形式的农家乐，提升管理水平和服务质量。建设一批具有历史、地域、民族特色的旅游村镇，有序开发新型乡村旅游休闲产品。鼓励有条件的地区发展智慧乡村游，提高在线营销能力。加强农村传统文化保护，合理开发农业文化遗产，统筹利用现有资源建设农业教育和社会实践基地，大力推进农耕文化教育进校园，引导公众特别是中小学生参与农业科普和农事体验等活动，增加农民经营性收入。

（三）建立创新驱动机制，增强产业融合动力

1. 以供给侧结构性改革为动力，建立消费导向机制

长期以来，我国农业都是以生产导向为主，是生产决定消费。但现在人们由吃得饱向吃得好、吃得安全、吃得健康转变，食物结构和品质要求发生了根本性变化，建立消费导向机制非常迫切。要重视引导农民瞄准市场需求，适应消费者选择，积极调整产业结构，推进一二三产业融合发展，增加市场紧缺和适销对路的农产品生产，大力发展绿色农业、特色农业和品牌农业，建立较为完善的绿色生态农产品品牌培育、发展和保护体系，让好的产品卖出好的价格，真正提高特色农产品的产品附加值和市场竞争力。

2. 以实现农民、企业双赢为目标，建立利益共享机制

在产业发展过程中，如何让处于产业链底端的农户合理分享产业增值收益，是建立利益共享机制的关键。建立具有强制约束力的订单农业是建立紧密型利益联结机制的保证，通过建立合理的利益关系，能形成健康的产业生态环境，有助于稳定合作预期，降低交易成本，增大交易剩余，对交易双方都是大有裨益的。当前在各地实践中的“保底收益 + 二次分红”、农户以土地等要素入股企业、企业以农业设施等投入入股农户、企业与农户实行反租倒包等方式，都是基层实践探索的好的利益共享模式，值得进

一步总结和推广。

3. 以政府财政投入为支撑，建立健全公共服务保障机制

稳定农业公共服务机构，强化县乡农技推广、疫病防控、农产品质量监管职能。推进“以钱养事”公益性服务机制建设，建立政府购买农业公益性服务清单或指导目录，采取政府订购、定向委托、以奖代补、招标投标等方式，向农业经营性服务组织购买公益性服务。发挥各级产业协会服务职能，为全产业链会员提供互助式服务。大力培育专业服务公司等多种形式的农业经营性服务组织，支持涉农企业、专业合作社等开展农资供应、农机作业、测土配肥、统防统治、技术培训等专业化、综合性服务，促进农业分工分业。探索建立农业投资与经营管理分离机制，积极推广全程托管、菜单式托管经营模式或合作式、订单式服务模式。完善以标准化农贸市场、鲜活农产品配送中心、“菜篮子”连锁超市为骨干的市场流通网络，支持新型经营主体在农产品集中区建设批发市场和冷链、仓储、物流等配套设施，鼓励企业在北京、上海等大中城市和旅游区建立线上线下销售窗口或体验店。完善农业气象服务体系和农村气象灾害防御体系，探索建立气象为农服务责任清单、职能转移清单、政府购买气象服务清单和气象服务产品清单，开展面向农业经营主体的直通式气象服务。

（四）培育新型经营主体，提高产业融合能力

1. 大力发展专业大户和家庭农场

随着城镇化的发展，土地流转规模的不断扩大，以家庭经营为基础的农业经营体制将会重构，专业大户和家庭农场将逐步取代传统的小规模经营农户，而成为商品性农产品的主要提供者和农村一二三产业融合的新型主体。为了提高其经营收益，必须延长产业链，开展农产品初加工、地产地销等产业形态。支持专业大户、家庭农场、大中专毕业生、新型职业农民、务工经商返乡人员领办农民合作社、开展乡村旅游等经营活动，拓展合作领域和服务内容，促进产业融合。

2. 支持和规范农民合作社发展

无论是合作社自身主导的产业融合，还是农民或龙头企业主导的产业融合，合作社都可以依托其组织优势，在扩大产业规模、提高农民谈判地位、降低交易费用、让农民分享增值获益等方面发挥重要的作用。要进一步发挥好农民合作社在一二三产业融合中的作用，一方面要加大对农民合作社的支持力度，加强人才培养，提高合作社经营能力、市场竞争力和抗风险能力；另一方面，要推进合作社的规范化、制度化建设，规范运行管理制度和财务管理制度，建立健全示范合作社认定标准和扶持机制，实行动态管理。切实加大对示范社扶持力度，鼓励和引导同一产业的农民合作社打破行政区域界限，组建联合社，实行跨区域、集团式发展，通过技术、管理、品牌、营销等资源的整合，进一步增强市场竞争力与抗风险能力。

3. 支持龙头企业发挥示范引领作用

培育壮大一二三产业融合发展龙头企业，充分发挥龙头企业在资金、技术、人才等方面的比较优势，引导其重点发展农产品加工、运销流通、电子商务和农业社会化服务，并通过直接投资、参股经营、签订长期合同等方式，建设标准化和规模化的原料生产基地，带动农户和农民合作社发展适度规模经营。支持龙头企业做强做优。所谓做强，就是通过实施财税、金融、人才等配套措施，支持龙头企业发展壮大和转型升级，让龙头企业有能力有条件在产业融合中发挥主导性作用；所谓做优，就是通过龙头企业与农户相互入股、龙头企业领办创办农民合作社等方式，完善利益联结关系，支持龙头企业与专业大户、家庭农场、合作社有效对接，推进各类主体的深度融合。

4. 支持供销合作社拓展服务功能

发挥供销合作社综合服务优势，推动供销合作社与新型农业经营主体有效对接，培育大型农产品加工、流通企业。健全供销合作社经营网络，支持供销合作社服务功能向全程农业社会化服务延伸、向全方位城乡社区服务拓展，在农资供应、农产品流通、农村服务等重点领域和环节为农民提供便利实惠、安全优质的服务。

（五）加大政策扶持，推进产业融合发展

1. 出台扶持一二三产业融合发展的意见

《国务院办公厅关于推进农村一二三产业融合发展的指导意见》已经印发，这是指导一二三产业融合发展的纲领性文件。自治区应结合宁夏现代农业发展的实际，根据党的十九大提出“实施乡村振兴战略”的目标要求，制定出台指导宁夏农村一二三产业融合发展的意见，明确全区农村一二三产业融合发展的总体思路、目标要求、重点任务和推进措施，指导农村一二三产业融合发展。

2. 明确宁夏农村产业融合方式

宁夏农村一二三产业融合的模式多种多样，要结合实际，采取统一规划指导、分类实施的办法，有针对性地推进融合。一是着力推进新型城镇化。将农村产业融合发展与新型城镇化建设有机结合，引导农村二三产业向县城、重点乡镇及产业园区等集中，培育农产品加工、商贸流通等专业特色小城镇，强化产业支撑，采取多种措施吸纳农业劳动力转移就业。二是延伸农业产业链。发展农业生产性服务业，鼓励土地托管、统防统治、烘干储藏等市场化和专业化服务。加强政策引导，支持农产品深加工、农村特色加工业发展，加快农产品冷链物流、产地营销体系建设，推广农超、农企等形式的产销对接，鼓励在城市社区设立鲜活农产品直销网点。三是大力推进产业深度融合。深入推进农业与旅游、教育、文化、健康养老等产业深度融合，建设一批具有历史、地域、民族特点的特色旅游村镇和乡村旅游示范村，积极发展多种形式的农家乐，有序发展新型乡村旅游业，提升管理水平和服务质量。实施“互联网＋现代农业”行动，推进现代信息技术应用于农业生产、经营、管理和服务，鼓励对大

田种植、畜禽养殖、渔业生产等进行物联网改造。健全农业信息监测预警体系。大力发展农产品电子商务，完善配送及综合服务网络。

3. 构建支持一二三产融合发展的政策体系

第一，支持一产优先发展。进一步完善粮食直补政策，特别是要将增量土地纳入粮食直补体系。要把规模经营主体作为支持重点，把扶持贫困地区和贫困户作为重点，改革扶贫方式，提高贫困户造血机能。开辟新的补贴项目，特别是土地改良、绿色有机农产品生产、农产品质量安全等方面，加大补贴力度。第二，完善支持农产品加工业发展的政策。加大农产品精深加工企业的扶持力度，提高初产地加工补贴，特别是对产加销一体化的企业、订单企业，要加大支持力度，支持企业技术创新，提高价值链的增值。第三，加大经营主体培育力度。建立财政支持基金，增加支农补助项目，对新型经营主体自建产业发展设施给予补贴等。创新信贷支持方式。金融机构要创新金融产品，降低贷款门槛，扩大信贷额度和发放专项信贷，积极推行林权、土地承包经营权等抵押贷款，尽快形成适合新型农业经营主体特点的多种形式抵押、质押办法。创新保险支持方式。设立不同档次的投保和赔付标准，使经营主体有更大的选择空间，特别对因自然灾害导致绝收的，要提高保险赔付标准，真正发挥农业保险的保障作用。落实用地政策，优先安排一定的用地指标专门用于新型农业经营主体的农产品仓储、加工、包装等永久性基础设施建设。第四，积极发展行业协会和产业联盟。充分发挥行业协会自律、教育培训和品牌营销作用，开展标准制订、商业模式推介等工作。在质量检测、信用评估等领域，将适合行业协会承担的职能移交行业协会。第五，鼓励社会资本投入。优化农村市场环境，鼓励各类社会资本投向农村、农业，发展适合企业化经营的现代种养业，利用农村“四荒”（荒山、荒沟、荒丘、荒滩）资源发展多种经营，开展农业环境治理、农田水利建设和生态修复。

宁夏华夏文明传承创新研究

杨　云

宁夏有着深厚的历史文化资源，有江南水乡、雄浑大漠、回乡风情等自然与人文历史交融的亮丽景观。在“一带一路”建设中，宁夏更要深入研究本土文明，发掘历史文化，在传承宁夏华夏文明的过程中，发展宁夏。宁夏最具开发潜力的文化资源包括黄河文化、丝路文化、西夏文化、回族文化、红色文化等，这是打造宁夏华夏文明传承创新建设的文化支点和重要文化元素。

一、准确把握宁夏历史文化资源特征

把宁夏建设成文化强省，需要大力发掘历史文化资源，积极推进文化产业的培育和发展。准确把握和深入了解宁夏历史文化特点及其资源优势，是我们正确认识宁夏历史文化及其资源价值的重要切入点。宁夏主要历史文化资源特征体现在以下方面。

（一）历史悠久

宁夏有着悠久的古人类资源。宁夏境内北有旧石器时代的“水洞沟文

作者简介：杨云，宁夏社会科学院地方志办公室副编审。主要研究方向为地方历史文化。

化”，南有新时期时代的“菜园文化”。灵武水洞沟遗址、彭阳香炉嘴和青铜峡鸽子山等地古人类遗址的发掘证明，早在数万年以前，先民们就在宁夏大地繁衍生息。新时期时代以宁夏海原的菜园遗址为代表，是陕甘宁地区新石器齐家文化的源头。石嘴山高仁镇遗址出现彩陶，隆德县周家嘴头遗址，隆德县页河子遗址，该遗址既包括马家窑文化特点，又孕育齐家文化成分。境内的古人类遗址还有彭阳县古城遗址。

齐家文化与关中地区的远古文化同属于以炎帝部族为代表的西羌文化。而从马家窑文化开始，宁夏古文化的地方化趋向日渐明显，以杨郎类型为代表的戎人创造的黄土高原青铜文化在华夏民族形成和早期中华文化发展中发挥了重要作用。从此之后，宁夏的发展总是与中国历史的进程和文化的演变紧密相连。

（二）民族多样

宁夏地处西北边塞，游牧民族活动频繁，因此它一直以来都在中原王朝重点经营的范围之内。赫连勃勃的大夏国、党项族建立的西夏王朝等等，无不凸显出宁夏在中国民族史上的重要地位。夏商周时期的义渠戎，秦汉时期的匈奴、羌族、月氏、乌桓，魏晋南北朝时期的鲜卑、敕勒，隋唐时期的突厥、吐谷浑，宋辽夏金时期的回鹘、西夏党项人，元明清时期的蒙古族、满族、回族等都曾一度或长时间生活于宁夏大地。

各民族长期交错杂处，既有和睦相处、融合同化，又有争夺与战争。在这样一个各民族相互交流、相互影响的复杂过程中，各民族的文化既得以传承与弘扬，又得到创新与改造。与此同时，这一过程也强化了各民族及其文化的相互交流碰撞，促进了民族融合与文化的融通，增强了彼此关系和相互认同。

及至民主革命时期，陕甘宁豫海县回民自治政府是我国历史上第一个县级民族自治政府。1958 年 10 月，宁夏回族自治区成立。回族等少数民族和汉族共同生活在宁夏大地，为宁夏的繁荣发展共同努力。

(三) 文化多元

悠久的历史，丰厚的人文土壤，独特的自然条件，孕育了内涵丰富、类型多样的古代文化。流传于六盘山地区的陇山文化和伏羲女娲传说及黄帝问道鸡头山的传说，无不说明六盘山地区的悠久历史和农耕文化在宁夏的影响。考古发掘证实的史前时代的马家窑文化、齐家文化，先秦时期的羌戎文化，秦汉以来的边塞文化、唐宋农牧文化、西夏文化、伊斯兰文化，还有移民文化、长城文化、丝路文化、回族文化、红色文化等。这一个个不同类型的文化，独具特色和内涵，成为宁夏历史文化百花园的一朵朵奇葩。

宁夏地处中原内地与西北边疆的交通枢纽，处于农业文化与草原文化的连接带。农耕民族与草原民族在这里交汇融合，也在这里兵戎相见，他们共同开发宁夏，创造了宁夏地区的文明。

宁夏南部、中部、北部不仅是地理意义上的普通划分，更有文化层面的意义。宁夏北部的沿黄流域展现的农耕文明与宁夏南部山区的干旱带展示的农耕文明各有特色。生产生活方式、价值取向等等，展现出不一样的宁夏文化特色。贺兰山与六盘山代表了宁夏南北两大山脉，展现的也是不一样的风格。

二、宁夏华夏文明传承创新的现实意义

(一) 宁夏传统文化与宁夏精神

“中华优秀传统文化是中华民族的‘根’和‘魂’。中华优秀传统文化是中华民族的突出优势，中华民族伟大复兴需要以中华文化发展繁荣为条件，必须结合新的时代条件传承和弘扬好中华优秀传统文化。”[①]习近平总书记高度重视中华优秀传统文化，并将其作为治国理政的重要思

①《习近平总书记系列重要讲话读本》，学习出版社，2016年，第201页。

想文化资源。他反复强调，中华民族伟大复兴需要以中华文化发展繁荣为条件。

中华优秀传统文化对中华民族的伟大复兴意义重大，同样，宁夏优秀传统文化对于宁夏的社会发展、经济繁荣、地域文化精神的觉醒同样意义重大。

宁夏的首府城市银川以“贺兰岿然，长河不息”作为自己的脊梁和灵魂，那么宁夏呢？思索、探究宁夏精神的过程，是自我反思、自我教育、自我提高、自我认同的过程。宁夏精神不是一朝一夕所成，也不是一成不变的，随着历史的发展、时代的进步必然会不断丰富和升华。在宁夏华夏文明传承中，在研究宁夏的历史文化、总结宁夏的历史文化中，作为宁夏人，我们也在自我反思。

宁夏岿然，不屈不挠。宁夏历史悠久，自然资源并不丰富，宁夏人民却在有限的自然条件下，顽强拼搏，奋斗不息，在与自然界斗争的过程中，创造了宁夏灿烂的历史文明。贺兰岿然、六盘岿然、长城岿然，宁夏精神亦岿然。

宁夏兼容并蓄，移民文化、游牧文化、农耕文化各种文化在这里碰撞包容，形成了今日独具宁夏特色的本土文化。尤其宁夏回族自治区成立以来，宁夏回汉及各族人民和来自五湖四海的支宁支边人相容互助，为这片热土的旧貌换新颜做出了巨大贡献。

宁夏开放包容，宁夏历史上是草原丝绸之路的东段北道，有着悠久的对外开放历史。如今，宁夏是内陆开放型经济试验区。宁夏虽处内陆，历史上的宁夏没有夜郎自大，现今的宁夏更是坚持走出去战略。

宁夏自强不息，无论是历史上还是当今，宁夏在自然资源上并不占优势。但是宁夏人负重拼搏、艰苦奋斗，始终发扬自强不息、艰苦奋斗的精神。

宁夏团结互助，宁夏引黄灌区的北部和六盘山为主的中南部，因为自然资源、历史发展等因素，造成了经济发展的不平衡。宁夏的生态移民工程、扶贫攻坚发展，城乡一体、山川共济，优势互补、和谐发展。

研究宁夏的华夏文明，是对宁夏发展史的考量，对宁夏历史的反思。从宁夏的传统文化中汲取正面积极的成分，为我们宁夏今后的长远发展做出更好的规划。

（二）宁夏传统文化与宁夏的民族团结

宁夏是我国唯一的回族自治区，是回汉各族人民共同的家园。

第二次国内革命战争时期，宁夏的盐池县、同心县及固原县、海原县东部地区，是陕甘宁边区的重要组成部分。作为抗战的大后方，宁夏功不可没。1936 年 12 月红军在西征途中成立了我国第一个县级少数民族自治政权——陕甘宁省豫海县回民自治政府。这是中国共产党的民族区域自治政策在回族聚居区的最初尝试，为中国共产党进一步完善民族区域自治政策、全面推行民族区域自治，提供了有益的借鉴，被誉为回民解放的先声，其意义极为深远，影响涉及四海。1958 年 10 月 25 日，宁夏回族自治区成立。这是宁夏回汉各族人民政治生活中的一件大事，是党的民族区域自治政策结出的丰硕成果。在党的民族区域政策指导下，宁夏广大回汉人民共同努力、团结奋斗已经将近六十载，宁夏由西部内陆省份日益发展壮大。宁夏的发展成果是改革开放的真实写照。

宁夏的华夏文明是宁夏各民族共同创造、共同推动发展起来的。西北地区是几十个民族共同繁衍生息、创造中华文明的地方，是多民族文化交融发展、共同缔造人类辉煌文化的地方，在新时期倡导宁夏华夏文明传承创新，有利于增强宁夏各民族的文化凝聚力、文化向心力以及文化归属感，有利于维护中华民族团结和各民族共同繁荣发展。

（三）宁夏传统文化与宁夏的经济发展

“中华优秀传统文化是中华民族的精神命脉，是涵养社会主义核心价值观的重要源泉，也是我们在世界文化激荡中站稳脚跟的见识根基。要坚守中华文化立场，秉持客观科学礼敬的态度，对传统文化做到‘扬弃继承、转换创新’。”①

经济是基础，文化是核心。文化是经济的反映，一定的文化由一定的经济所决定，又反作用于一定的经济。当今社会，文化产业作为一个国家的软实力已经成为一个国家向全世界展示自我、获取经济利益的重要途径。同样，文化产业也是一个地区经济发展的软实力。宁夏不属于自然资源特别丰饶的地区，工业也欠发达。在这种经济环境下，寻找宁夏的创新发展，就要合理地找准定位，合理利用已有的区位优势和资源优势。与宁夏同属西部的陕西省，利用自己的人文资源，大力发展旅游业，如今陕西的旅游业已成为国民经济发展的重要部分。宁夏也应该深入发掘本地的人文资源，促进宁夏的旅游业乃至高端旅游业拓展发展的空间。

宁夏应该努力有效提升人民群众精神文明素质，以文化惠民的服务体系为重点，把文化的展示、利用和产业发展的成效体现到为民惠民上，充分挖掘提炼宁夏人民的精神价值，凝聚正能量，激发宁夏人民的本土自豪感和中华文化认同感、归属感，为建设和谐社会，全面建成小康社会筑牢精神防线。

三、宁夏华夏文明传承创新文化支点

宁夏华夏文明传承创新文化是要将文化作为经济转型跨越发展的一个突破口，通过开发宁夏本土文化资源，使宁夏成为一个真正的文化大省、文化强省，让文化的发展推动宁夏经济的发展。

（一）黄河文化

黄河是中华民族的母亲河，是华夏文明的摇篮。“天下黄河富宁夏”。

---

①《中共中央关于制定国民经济和社会发展第十三个五年规划的建议》（辅导读本），人民出版社，2015年，第153页。

黄河的滋养与灌溉，成为宁夏对外推介的名片。黄河从甘肃中部冲出黑山峡谷，于中卫市沙坡头流入宁夏境内，蜿蜒流过宁夏18个市县，由石嘴山市出宁夏入内蒙古。在宁夏境内长397公里，落差约200米。流域面积近5万平方公里，占自治区总面积的96.4%。黄河在宁夏境内坡度小，引水方便，穿行在宁夏平原上，地势平缓，蜿蜒坦荡，给宁夏带来了丰富的水利资源。尤其是卫宁平原、银川平原，黄河水灌溉为这里的土地带来了生机，促进了农业的发展。历史上，秦始皇统一全国后，命令各地，“决通川防”，水利建设进入了新的阶段。秦代移民在开发河套平原时，开渠引水的实践，开创了宁夏水利建设的先河。广大劳动人民在水利建设中，春浚秋疏，从不懈怠，引黄灌区农田水利事业焕发了生机。

黄河给宁夏人民带来的不仅是春耕夏耘的生产方式，也滋养着宁夏的精神文化。千百年引黄灌溉与自然斗争的历史，造就了宁夏人不畏困难、顽强拼搏的精神。黄河宽阔的胸襟，也造就了宁夏人兼容并蓄、海纳百川的胸怀。黄河文化是宁夏的文化软实力，是激发宁夏人凝聚力和创造力的重要源泉。因此要下功夫唤醒民众的文化自觉意识，科学梳理，深入挖掘，让黄河文化的精神血脉得以传承，寻求有价值的、本土化的、先进性的文化资源，和当代的科技、商业、消费文化结合起来，构筑具有宁夏特色的黄河文化体系。

（二）西夏文化

从1038年嵬名元昊正式称帝，到1227年西夏灭亡，近200年的时间里，党项羌在古宁夏大地创造了灿烂绚丽的西夏文化。神秘的西夏文字，造型优美的石窟建筑（须弥山石窟就是其中之一），浓郁佛教色彩的卷轴画、佛教绘画、雕塑，贺兰山西夏时期岩画，民族特色浓郁的西夏文诗歌、谚语，以及西夏王陵、散存于宁夏大地的多处古塔，如宁夏贺兰的宏佛塔、贺兰山口的拜寺口双塔、贺兰山方塔，耸立于银川市南角的承天寺塔等，无不昭示着西夏文化曾经的辉煌，也给后世留下了丰富而珍贵的文化遗存。

宁夏多地散存有西夏文化的印记，内容涉及政治、经济、军事、哲学、宗教、文学、民族、民俗、语言、历史、科技等广泛领域。西夏文化更是以它那兼容并蓄的恢宏气度，吸引了无数科研人士研究，吸引了无数旅游者驻足。宁夏境内的西夏文化从其艺术、历史价值来看，在国内有一定影响。

（三）回族文化

宁夏回族的历史可追溯到唐宋，回汉人民在宁夏大地共同劳作、共同耕耘，创造了独特而灿烂的宁夏文化。回族文化是宁夏文化的组成部分。

宁夏独特的回族建筑。宁夏清真寺的创建从元代安西王阿难达皈依伊斯兰教开始，经历明清两代，清真寺的数量和规模都得到了发展。宁夏伊斯兰建筑集中反映了伊斯兰文化与中国传统文化相结合的过程。清真寺数殿勾连搭建的运用属于中国传统建筑中的独创。永宁纳家户清真寺、同心清真大寺等始建于明朝的清真寺，无论其建筑风格还是历史渊源都堪为宁夏清真寺建筑中的代表。

回族美食。宁夏因其独特的自然环境，也使宁夏的牛羊肉肉质鲜美。尤其是回族人民所做的手抓羊肉、羊杂碎、牛羊肉泡馍等清真食品，更是口味独特、芳香四溢。

花儿是一种跨民族、跨地区流行的民歌。宁夏西海固地区的六盘山花儿，高昂、奔放、粗犷、悠扬，表现了宁夏回族人民对幸福生活和纯真爱情的追求和渴望。花儿、回族宴席曲、回族武术、回族刺绣逐渐进入人们的视野，成为回族人民艺术的代表。

（四）移民文化

宁夏的移民史就是宁夏的开发史、建设史。因为战争等原因，宁夏境内的少数民族在宁夏大地上迁徙。历代的中原王朝在宁夏安营扎寨、移民实边、开垦良田。无论是游牧民族逐水草而居还是农耕民族金戈铁马战争的迁徙，或是中原王朝有组织地移民实边，宁夏在历史上历经多次移民。移民和宁夏本土居民在这片土地上共同劳作，创造了宁夏的历史和文明。

第一，少数民族的迁徙。据《后汉书·西羌传》记载，周穆王时“戎狄不贡，王乃西征犬戎，获其五王，又得四白狼、四白鹿，王遂迁戎于太原”。周穆王的军队西越宁夏南部的六盘山和甘肃东部的陇山，攻占了西犬戎之地。战后，穆王迁犬戎一部于太原。太原，据明末清初史学家顾炎武考证，认为在今甘肃陇东和宁夏六盘山一带。迁戎于太原，是宁夏最早的民族大迁徙的历史记载。秦王朝和西汉王朝时期，宁夏民族移民历史主要是匈奴民族的大迁徙。除了匈奴之外，这一时期月氏、羌族等族也在宁夏境内有过活动。三国两晋南北朝时期，中原王朝势力衰弱，无力对宁夏地区进行强有力的中央集权统治，包括宁夏在内的广大北方地区成了北方游牧民族征战称雄的场所，五胡争雄，和汉族不断进行融合，宁夏先后由前赵、后赵、前秦、后秦、大夏所统辖。宁夏境内居住着大量的少数民族，民族杂居的格局十分明显。隋唐时期，宁夏地区成为突厥、铁勒、吐谷浑、粟特、党项等民族的聚居区。宋辽夏金时期，党项族是宁夏主体民族。元时期，统治者多次把西夏故地居民迁往别处，蒙古族在夺取全国政权以后，以固原地区六盘山、开城为重要的军事基地。元代统治者的政策，对传播伊斯兰教义非常有利，回族形成。蒙古族、满族八旗兵因为元、清统治者的缘故，入驻宁夏。因为各种政治、自然、民族等原因，宁夏历史上一直是少数民族迁徙区。宁夏的移民史、移民文化也是一部民族简史。虽然各民族之间有过金戈铁马的争夺，但是民族间的和平交往是宁夏历史中的主线。

第二，宁夏历史上的移民、屯垦戍边。宁夏历代移民大致可分为一是以开发为主的经济性移民，其中包括商业性移民；二是以军事和开发目的相辅相成的军事性移民。从秦朝移民屯垦开始，历朝历代在宁夏基本都有大规模的开发，宁夏的开发离不开移民屯垦的痕迹。无论是山西大槐树的传说典故，还是当代社会的支宁支边、知青下乡、“三线”建设、工业移民乃至现代社会的吊装移民、劳务输出、引进人才等等，宁夏的历史进程中移民的贡献功不可没，移民文化是宁夏地域文化的重要组成部分。

（五）丝路文化

无论是汉唐从长安—凉州道，还是五代、北宋长安—灵州道，以及后来元代的六盘山道，宁夏在绿洲丝绸之路都处于东段北道的位置。昔日，这里商旅往来不绝于道，中原文明与西域文明交汇融合。固原出土的波斯鎏金银壶、萨珊玻璃凸钉碗、东罗马金币等珍贵文物，见证了宁夏在丝绸之路上的重要地位。固原古城、须弥山石窟、开城遗址、固原北朝和隋唐墓地将进入宁夏段丝绸之路申报世界文化遗产预备名单。

“一路一带”建设的战略构想，让宁夏从“不沿边，不靠海”的内陆省份，跃升为我国对外开放的前沿，成为阿拉伯国家“向东看”、内陆地区“向西开放”的重要交汇点。“内陆开放型经济试验区”“银川综合保税区”中阿经贸论坛永久性会址等等，古代的绿洲丝绸之路重要通道，今日与阿拉伯国家合作的前沿地、桥头堡。

丝绸之路文化发展带，在地理上贯穿宁夏全区，建设文化大省的“线索”将变得更加明朗、更加顺畅。一个开放的、海纳百川的宁夏宏大历史背景展现在世人面前。丝绸之路连接中西文化并交融荟萃的文化大通道得到彰显；民族自豪感和地域自信心涌现在宁夏人的心头。

（六）长城文化

宁夏自古就是中原农耕民族与游牧民族相互争夺的要塞。从战国开始，经过秦、汉、隋、明数朝的不断修筑，宁夏境内长城总长度达 1500 公里，有“中国长城博物馆”之称。固原境内修筑的战国秦长城，是古代最早修筑的长城之一。秦汉都在宁夏境内修过长城。隋代在宁夏灵武加固修葺了前代的长城。明代宁夏境内的长城修筑规模空前。明代宁夏的长城有东长城、西长城、北长城之分。现在宁夏盐池县还有明代的长城遗迹。

宁夏境内的长城，从战国开始，经过秦、汉、隋、明数朝的不断修筑，固原一代称秦长城，这是战国时秦所修，其线路大致由甘肃省进入宁夏西吉县南部，后折向东北，绕固原县城后，再折向东南，经城阳等地进入甘肃镇原县境。长城附近和其经过的重要隘口、山顶都有烽燧遗址。在长城沿线，还有许多营、堡、障、烽火台等军事设施。

在宁夏境内，战国秦长城全长约有 200 公里，是宁夏境内最古老的长城，秦汉时曾做过修缮和增补，明代亦曾加以利用。隋代曾在宁夏修筑过一段新的长城，以防御突厥、契丹的威胁。明代长城在总结前代经验的基础上，于地形的选择、材料的使用、城墙的构造以及工程技术等方面都有较大的进步。明代在全国长城沿线总共设有 9 个边境重镇，而在宁夏境内就设有宁夏和固原两镇，由此可见宁夏长城在全国边防上的重要地位。

(七）红色文化

宁夏的盐池、同心、固原、海原东部地区曾经是陕甘宁边区的一部分，宁夏的六盘山因毛泽东的词《清平乐·六盘山》而闻名，西吉将台堡见证了红军长征会师。中国共产党的第一代领导人和中华人民共和国与人民军队的缔造者中的许多同志，都在宁夏生活过、战斗过，他们被宁夏回汉人民永远怀念、铭记。这种至高无尚的红色记忆、革命史实，全国罕见，无与伦比。

因红军西征、长征，宁夏大地上留下了许多红色故事和红色遗迹。红色文化分布在宁夏的土地上，存在于人们口耳相传的故事中、方志的记载中、档案的文件中，红色文化是宁夏历史不可或缺的一部分，红色文化也是宁夏历史文化的一分子。陕甘宁省盐池县、陕甘宁豫旺县、固北县、静宁县（其北境之兴隆镇、公易镇、将台堡、单家集属宁夏西吉县）、中共固原县工委、豫海回民自治县等等，这诸多的行政建置见证了一个时代的印记。

这些红色遗址遗迹，记录了宁夏发生的许多重大事件和重要活动，这些红色文化资源在中共党史上具有十分重要的地位。而且宁夏是民族地区，豫海县回民自治政府的成立也是我们党民族政策的一次伟大尝试。宁夏红色文化资源不仅承载着丰厚的革命历史、生动的革命事迹，还给我们留下了一大批宝贵的精神财富和优良的革命传统。这些精神具有跨越时空、撼人心魄、发人深省、催人奋进的时代力量。

四、结　语

历史和民族民俗资源是宁夏区域文化存续与复兴的源泉。文化多元繁荣，经济社会就繁荣昌盛。文化是一面镜子。文化不灭，精神就不灭。“5000多年连绵不断、博大精深的中华文化，积淀着中华民族最深沉的精神追求，包含着中华民族最根本的精神基因，代表着中华民族独特的精神标志，是中华民族生生不息、发展壮大的丰厚滋养。”宁夏历史上的黄河文化、西夏文化、回族文化、移民文化、丝路文化、长城文化、红色文化，这是宁夏历史的真实写照，也是宁夏的先辈们惨淡经营的历史财富。

回顾往昔，宁夏各族人民在严酷的自然环境和频繁的战乱中，取得了文化繁荣的巨大成就并形成了独特的地域文化，如何对优秀历史文化遗产进行传承，使文化成为宁夏各民族凝聚力和创造力的重要源泉和区域综合竞争力的重要支撑，就必须把建设“丝绸之路经济带”与实现和谐发展统筹起来，在大力提升宁夏人文精神价值，有效提升人民群众精神文明素质，促进全国民族团结进步模范示范区建设的同时，着力创建文明大省，使文明的光辉烛照千秋。

习近平总书记在十九大报告中说：“没有高度的文化自信，没有文化的繁荣兴盛，就没有中华民族伟大复兴。要坚持中国特色社会主义文化发展道路，激发全民族文化创新创造活力，建设社会主义文化强国。”宁夏作为内陆开放型经济试验区，不仅在经济上要走一条具有宁夏特色的道路，在文化上，宁夏也要深入挖掘本土文化，激活现有的文化资源。宁夏要发展，只能因地制宜，不仅要因地制宜发展本土的经济模式，也要因地制宜发掘本土的文化资源。在宁夏的中华文化宝库中寻珍探宝，突出宁夏文化特色，塑造宁夏文化形象，打造西部文化品牌，提升西部文化品质，扩大西部文化影响，弘扬西部文化精神。

宁夏打造区域创新高地研究

李文庆

创新是引领发展的第一动力。党的十九大提出，坚定实施创新推动战略，加快建设创新型国家。我们要把创新作为宁夏发展的首要驱动力，打造区域创新高地，走出一条具有宁夏特色的科学发展之路。

一、宁夏区域创新能力现状分析

（一）宁夏区域创新能力在全国和西北地区的排名

根据中国科技发展战略研究小组的研究成果，总体上看，我国区域创新能力呈现出东强西弱的态势，从东部沿海地区向西部内陆地区由高到低呈梯次分布，全国各省区区域创新能力分为五大集团。北京、上海表现突出，在全国排在第一和第二的位置，属于第一集团，这两个城市的科技能力、企业能力和创新环境都在全国处于领先地位。第二集团有广东、江苏两省。第三集团包括山东、浙江、天津、辽宁四省。第四集团有福建、陕西、湖北、山西、黑龙江、湖南、河南、重庆、四川、吉林、河北、安徽、甘肃十三省市。第五集团有广西、

作者简介：李文庆，宁夏社会科学院农村经济研究所所长，研究员。主要研究方向为企业经济、生态经济。

新疆、内蒙古、青海、江西、贵州、宁夏、云南、海南、西藏十省区。宁夏位于第五集团，在全国的综合排名位列第28位，说明宁夏区域创新能力较弱。

表1 西北地区创新能力

地区	综合值			知识创造能力			企业创新能力			创新环境		
	数值	全国	西北	数值	全国	西北	数值	全国	西北	数值	全国	西北
陕西	27.14	14	1	31.08	5	1	24.16	16	2	25.68	17	2
甘肃	21.68	20	2	16.95	20	3	25.17	15	1	20.68	26	3
宁夏	18.52	28	3	15.82	24	4	20.75	23	3	19.01	30	4
新疆	18.04	29	4	19.01	16	2	13.92	28	4	18.47	31	5
青海	17.71	30	5	12.24	29	5	8.01	30	5	28.97	9	1

数据来源:中国区域创新能力报告。

（二）宁夏区域创新能力取得的成就

1. 科技进步对经济社会发展的贡献能力不断增强

近年以来，宁夏登记科技成果呈逐年递增的趋势，其中应用技术成果占总成果的比重最高，为70%左右，基础理论研究相对比较薄弱，占比14%左右。应用技术成果是科技成果的主体。

“十二五”期间宁夏科技进步速度为4.6%，科技进步对经济增长速度的贡献率为47.9%，其中农业科技创新比较乐观，农业灌溉用水有效利用系数、农业机械化率、农业科技进步贡献率分别达到0.47、63%、56%。2015年全年登记自治区级科技成果244项，比上年增长18.4%。其中，基础理论成果38项，应用技术成果181项，软科学成果25项。全年申请专利量4394件，比上年增长24.5%，其中，发明专利2626件，增长20.3%。专利授权量1865件，增长30.9%。其中，发明专利授权量442件，增长81.9%。全年共签订技术合同662项，技术合同成交金额35400万元。以企业为主体申请的发明专利占发明申请总量到2014年达到82.8%，企业创新主体地位已经确立。

2. 具有较为完备的科技创新体系

科技创新体系是创新驱动发展的重要平台，2015年年末全区拥有国家级工程技术研究中心3个，自治区级工程技术研究中心36个；国家重点实验室2个，省部共建重点实验室4个，国家重点培育基地3个，自治区级重点实验室14个；国家级企业（集团）技术中心14个，自治区级企业（集团）技术中心60个，技术创新中心143个。从各类科技创新平台的数量来看，宁夏国家级的创新主体较少，企业是宁夏创新的中坚力量。其中宁夏大学和宁夏医科大学的国家重点培育基地，由于人才、经费等问题一直处于发展的瓶颈期。

高新技术企业、科技型中小企业总量和产值明显增加。“十二五”以来，全区高新技术产业得到迅速发展。全区高新技术企业总数达到63家。全区高新技术企业产值达到222亿元，高新技术总产值占规模以上工业企业销售产值比重达到6.3%。高新技术企业是知识密集和技术密集型企业，它的发展是宁夏科技生态的重要体现，也是宁夏宁进行自主创新发展的后备力量。

3. 科技投入有所增加

近年来，全区科技投入在规模和结构上都发生了较大的变化。全社会R&D（研究与试验发展）投入占GDP的比重从2010年的0.68%增长到2015年的0.92%。R&D经费投入总量持续增长，其中2014年，全区R&D经费投入23.86亿元，比上年增加2.96亿元，增长14.1%。R&D经费投入强度为0.87%，比上年0.81%提高了0.06个百分点。2014年全区R&D经费投入强度在全国31个省（市、区）中排23位，西部12个省中排第5位，西北5省中排第3位，与上年水平相同。

企业是推动宁夏全社会研发活动的主要阵地。规上工业企业R&D经费投入在近五年内呈直线上升态势，投入的力度较往年有所增加。财政对科学技术的支出平稳增加，其中市级和县级的财政支持逐年上升。

（三）宁夏区域创新能力建设中存在的问题

1. 创新能力较弱，创新人才短缺

从总体上看，宁夏区域创新能力较弱，主要表现在创新观念意识不强、创新主体发展迟缓、创新人才短缺、高新技术产业发展缓慢、高新技木企业少，高新技术产品少，高新技术产品产值率低，以及每万人获得专利数量少等。导致宁夏区域创新能力不强的主要原因，是创新人才资源短缺，从事创新活动的人才结构不适应现代化进程的需要。在宁夏经济中起重要作用的石化、冶金、机械、建材、医药和农副产品加工等支柱产业需要的专业技术人员仅占专业技术人员总数的24%。而人才的隐性流失更为严重，过去每年经全国统一分配来宁夏工作的非宁夏籍大学生为数不少，但进入上世纪 80 年代以后，这条人才来源渠道基本断绝，不仅如此，就连本地区向外省(市)区高等院校输送的大学毕业生，毕业后返回宁夏的也不多，在有限的人才队伍中还有部分人才继续向发达地区流动，科技创新人才的短缺，严重制约着宁夏科技创新和经济发展。

2. 科技投入不足，缺乏有效的多元化的科技创新融资体系

宁夏区域创新能力建设中，还没有建立与全区国民经济发展相适应的财政科技投入稳定增长机制，近年来财政科技投入总量虽有所增加，但占国内生产总值的比重都逐年下降，在自治区财政支出结构中，科技投入没有得到应用的重视，难以为宁夏经济的跨越式发展提供有效的科技支撑。缺乏有效的多元化的科技创新融资体系，政府科技投入与社会资源不能良性互动，政府的科技投入也难以起到引导作用，在宁夏创业风险投资少、社会资金进入研究开发领域和高新技术产业化的渠道不畅，使社会资金难以更好的获利或避险空间，特别是企业用于研究与开发的经费投入占销售额的比重长期在低水平徘徊。科技投入资金未能按市场机制运作，而有限的资金又分散于多个部门，缺乏统筹

规划，甚至出现同类科研项目几个部门重复列项的现象，影响了科技投入的使用效果。

3. 产学研联合深度不够，作用和效果还未充分显现

企业与高校和科研院所的合作不够深入，产学研联合资源的信息沟通差，交流渠道不够通畅；受资金制约，企业和高校、科研院所进行的项目和技术对接活动，规模、范围和层次都不够高；相当部分企业对产学研联合的认识还不到位，没有把运用这种优势资源作为提升本企业技术创新能力的捷径；企业、高校和科研院所之间的协作不够，影响了企业技术创新能力的提高。

4. 科技管理松散，科技基础条件薄弱

有限的科技投入过于分散，条块分割，缺乏统筹规划，没有形成共享机制，资金效率不高，很多科研项目难以得到经费支持；即使得到额度也很低，科研成果水平受到制约；还有的项目出现多家支持，造成有限的科技投入的浪费。由于宁夏地方财力有限，政府对必要的公共科技基础支持力度较小，宁夏科技基础设施比较落后。许多科研院所的科研设备、仪器等还是六七十年代生产的。而且由于部门分割、体制封闭，各部门所积累的科技资料、科学数据和设备设施不能为全社会科技人员共享，造成自治区本就紧缺的科技资源浪费。科技基础设施的落后与科研力量的薄弱，造成全区整体科技水平和持续创新能力不高，致使支撑全区产业结构调整的技术成果和技术储备严重不足，不能满足自治区创新体系建设的需求，严重影响了自治区经济竞争力的提高。

5. 科技服务体系不健全，服务质量不高

宁夏科技服务体系不够健全，一是在现有科技服务体系中，国有科技服务机构占了绝大部分，而依托市场建立的民营科技服务机构的作用还较弱，这种状况造成科技服务市场的活力较差。二是除农机推广机构外，其他科技服务机构特别是为中小企业提供服务的科技服务机构尚未形成网

络。这种状况不仅无法满足中小企业对提升技术创新能力的需求，同时也影响了科技成果的顺利转化。科技服务是一种非常专业的工作，受人员素质的限制，宁夏多数科技服务机构仅能提供一般性科技咨询、培训和技术交易服务，难以满足企业技术创新对资金、人才、创新战略等方面的需求。此外，由于科技服务机构资源整合差，服务领域交叉等，甚至出现不良竞争的现象。

二、打造宁夏区域创新高地的重点领域

坚持创新发展，大力推进观念创新、科技创新、体制机制创新和人才创新，在一些关键领域走在全国前列、或实现西部争先，走出一条具有宁夏特色的科学发展之路，解决好发展动能问题。加快工业化和信息化深度融合，提升数字化、网络化、智能化、绿色化技术水平，推进传统优势特色产业转型升级、战略性新兴产业壮大发展，构建结构合理、先进管用、开放兼容、自主可控、具有国际竞争力的现代产业技术体系，以技术的群体性突破支撑引领特色优势新兴产业集群发展，推进产业转型升级、提质增效。

（一）大力推进科技创新

1. 发展新一代信息网络技术

积极推进“智慧宁夏”建设，推动宽带移动互联网、云计算、物联网、大数据、移动智能终端等技术研发和综合应用，积极发展集成电路、工业控制等自主软硬件产品和网络安全技术攻关和推广力度。构建行业级云计算、大数据公共服务平台，使云服务平台普及率得到显著提升。加强信息资源整合、交换、开放和共享，发展交通、电力、通信等网络化技术和综合应用，为实现信息化管理、民生服务和网络安全提供保障。

2. 发展智能绿色制造技术

加快网络化制造技术、云计算、大数据等在制造业的深度运用。积极

开展数字化车间、智能工厂试点示范。组织引导数控机床、机器人、铸件铸造、仪器仪表、矿山机械、轴承、电工电气、新能源装备等领域开展智能绿色制造技术对标升级活动，实现企业设计、工艺、制造、管理、检测、物流等环节的智能化集成应用。研发具有安全可控、自感知、自诊断、自适应、自决策等功能智能产品。

3. 发展生态绿色高效安全的现代农业技术

农业领域重点支持枸杞、葡萄和滩羊产业的优质可持续发展。系统加强动植物育种和高端农业装备研发，大面积推广粮食丰产、中低产田改造等技术，深入开展节水农业、循环农业、有机农业和生物肥料等技术研发，开发标准化、规模化养殖技术，促进农业提质增效和可持续发展。推广农业面源污染和重金属污染防治的低成本技术和模式，发展全产业链食品安全保障技术、质量安全控制技术和安全溯源技术，建设安全环境、清洁生产、生态储运全覆盖的安全技术体系，推动农村一二三产业融合。

4. 发展安全清洁高效的现代能源技术

推动能源生产和消费革命。以优化能源结构、提升能源利用效率为重点，推动能源应用向清洁、低碳转型。加快煤炭间接液化、太阳能、风能、生物质能等清洁能源和新能源技术开发、装备研制和大规模应用，提升能源行业技术水平。推广节能新技术和节能新产品，加快钢铁、石化、建材、有色金属等高耗能行业的节能减排，推动新能源汽车、智能电网等技术的研发应用。

5. 发展资源高效利用和生态环保技术

大力发展循环经济。重点实施“五大十特”工业园区循环化技术改造，创新“三废”集中处理与综合利用技术、餐厨废弃物等垃圾资源化利用和无害化处理技术。加强大气污染治理、水环境治理、固体废弃物污染治理及农业面源污染治理，提高环境承载能力。

6. 发展智慧城市和数字社会技术

以宽带网络为基础，借助物联网、云计算、大数据分析等通讯技术的导入，大力推进智慧城市建设和数字社会技术。全面推进智能交通、智能电网、智能水务等领域智慧工程建设，向公众提供更加便捷、高效、低成本的社会服务。完善大数据中心、城市空间地理 GIS 系统等模块，引领自治区信息产业实现绿色转型升级。

7. 发展支撑商业模式创新的现代服务技术

以新一代信息和网络技术为支撑，拓展数字消费、电子商务、现代物流、互联网金融、网络教育等新兴服务业，促进技术创新和商业模式创新融合，实现互联网 + 服务便捷化。发展交通、电力、通信、地下管网等基础设施的标准化、智能化技术。加强民生服务、社会公共安全等领域的重大技术和产品攻关。

（二）推进观念创新、体制机制创新和人才创新

1. 积极推进观念创新

没有观念的创新，就缺乏创新的动力。没有观念的创新，就抢占不了先机；没有观念的创新，创新就难有成效。虽然，宁夏不沿边、不靠海，处于内陆腹地，使创新发展受到制约，但宁夏发展滞后，最重要的还是思想观念的滞后及由之而来的创新滞后，宁夏与发达地区的差距，最大的还是思想观念上的差距及由之而来的体制机制上的差距。实践发展永无止境，解放思想永无止境。面对创新驱动没有既成经验可资借鉴这一现实，我们一定要登高望远，跳出地域的限制，跳出条条框框的限制，跳出部门利益的限制，眼界向外看宁夏，放开胸襟看世界，增强时不我待的机遇意识、为民务实的责任意识和自觉担当的进取意识，摈弃等靠要，摈弃惯性思维，摈弃因循守旧、故步自封，正确处理全局和局部、当前和长远的关系，正确对待利益格局的调整，以问题倒逼思想解放，以问题倒逼开放，在“走出去，请进来”的过程中，借鉴国内外成功经验和做法，大力推进

理论创新、制度创新、实践创新，在创新高地建设中，找准突破口和切入点，用足用好国家赋予的先行先试政策，以思想观念大解放推动大发展，以创新促发展，推动、引领宁夏各项事业大发展。

2. 积极推进体制机制创新

顺应国家创新治理体系和治理能力现代化趋势，同步推进自治区创新治理体系改革。建立公开统一的自治区科技管理平台，构建决策、咨询、执行、评价、监管等各环节职责清晰、协调衔接的新型管理体系。充分发挥行业主管部门在创新需求凝练、任务组织实施、成果推广应用等方面的作用，形成统筹协调与决策机制。转变政府管理职能，重点支持市场不能有效配置资源的公共科技活动，并以普惠性政策和引导性为主的方式支持企业技术创新活动和成果转化。继续深化行政审批制度改革，进一步简政放权，大幅减免各种收费，不断提升行政效率，打造“两优”发展环境，方便企业和群众创新。

3. 积极推进人才创新

树立“聚天下英才为我所用”的理念，实施好各类引才工程，对急需引进的紧缺人才，开辟绿色通道，把全国全球优秀人才吸引过来。坚持“两条腿”走路，既打开大门引进，又眼睛向内培养，加强科教融合、校企联合等模式，培养一批有用人才、紧缺人才和农村实用人才。创新人才激励机制，探索切实管用的办法和措施，促进科技成果资本化、产业化，让有真才实学、做出重要贡献的科技创新人才“名利双收”。发挥企业在人才培养中的主体作用，鼓励企业引进带项目、带技术的高层次人才，对于引进的创新型人才给予生活补助和一次性购房补助。鼓励企业与高校、科研机构相互之间联合组建人才培养基地，形成产学研协同创新体系，引导推动人才培养链与产业链、创新链有机衔接。充分发挥企业家在创新创业中的重要作用，大力倡导企业家精神，在全社会营造尊重企业家、关爱企业家、珍惜企业家、支持企业家创新创业，学习企业家创新创业的良好氛围。将专家型企业家吸纳到自治区行业专家库，建立有利于企业家参与创新决策、凝聚创新人才、整合创新资源的新机制。

三、宁夏打造区域创新高地的对策建议

（一）完善产学研联合机制，提高区域创新能力

以提升企业科技创新能力为目标，形成以企业为主体，产学研联合的科技创新体系，产学研联合的科技创新体系的关键是突出企业的主体地位。鼓励和支持企业建立充实各类研发机构，特别是鼓励大中型企业建立企业技术中心，努力形成一批集研究开发、设计、制造于一体，具有较强竞争能力的骨干企业，促进形成一批具有特色的创新型企业集群。促进科研院所与高等院校之间发展各种联合关系，建立以科研院所与高等院校为主体的科技研究和科技推广体系。鼓励企业与高等院校、科研机构共同形成产学研联合体系，共同建设机制灵活、任务明确的产学研联合机构，鼓励企业积极吸收研究成果并转化为生产力，鼓励构建与产业集群、特色产业发展相适应的产学研联盟，促进宁夏区域创新高地建设。

（二）建立完善政府引导、市场主导的多元化科技投入体系

科技投入是产学研联合的重要保证，必须采取有力措施，鼓励、引导全社会多渠道、多层次增加科技投入，逐步建立完善财政拨款、金融贷款、企业自筹、风险投资、资本市场等多渠道的科技投入体系。加强政策性金融机构以及商业银行对区域创新的支持力度，完善创新型企业的融资渠道，缓解企业、尤其是中小型科技企业创新发展的资金压力。进一步建立完善科技信贷与担保制度，设立科技信贷担保专项基金，积极探索对科技贷款实行优惠的有效途径。支持开展对科技型企业、高新技术企业的保险服务，完善企业的外汇管理政策。

（三）大力实施知识产权战略，提升区域竞争能力

进一步强化知识产权意识，大力实施知识产权战略，积极引导和支持企业、高校、科研机构在关系产业竞争力的重点领域和未来发展的新兴领域，占领技术制高点，形成自主知识产权，全面提升宁夏竞争能力。坚持激励与保护并重的原则，规范知识产权的获取、利用、管理和保护，完善知识产权激励政策，切实保障科研机构和科技人员的知识产权权益，着力营造良好环境，推动知识产权战略的深入实施。宁夏具有优势的产品如高载能产品、羊绒制品、特色农副产品等出口中往往设计目标出口国的技术标准，政府有关部门应建立和完善技术性贸易措施的通报协商机制、快速反应机制和研究评议体系。

（四）大力实施人才强区战略

牢固树立“人才资源是第一资源”的观念，深入实施人才强区战略，进一步优化人才发展的环境，完善人才培养使用机制，努力造就一支适应新时期发展需要的优秀科技人才队伍。改革专业技术人才管理体制，分类推进专业技术人员职务制度改革，改革和规范科研单位工资分配制度，建立以岗位工资、绩效工资为主要内容的收入分配制度，完善以科研成果、专利、专有技术等知识产权进行投资的政策措施，切实保护科技人员的合法收益，激发科技人员的创业创新热情。针对基础性研究、应用开发性研究等不同特点，建立相应的评价体系，促进各类人才的成长。建立政府激励为导向、社会力量资助和用人单位奖励的科技激励制度，把发现、培育和凝聚科技人才作为科技奖励的重要内容。结合国家、自治区科技创新规划、重大科技专项和重点项目，采取团队引进、核心人才带动引进等多种方式引进人才。

（五）建立健全区域创新的社会化服务体系

社会化创新服务体系是区域创新体系的重要组成部分，是提高产学研联合能力的重要环境，也是推进政府职能转变的重要基础。紧紧围绕提高

区域创新能力这一总体目标，依托政府、面向市场、服务科技、繁荣经济，联合高等院校、科研机构、企业集团等社会力量，建立健全社会化科技服务体系。充分发挥广大科技工作者的积极性和创造性，形成科技创新综合服务的基地和网络，促进产学研结合，促进科技成果转化和产业化，增强科技创新社会化服务水平。结合宁夏经济结构调整，进一步加强面向特定行业、特定创业人员的服务业务，提高服务的专业化水平。

宁夏扩大有效投资研究

马　琴

投资、消费、外贸是拉动经济增长的“三驾马车”。在传统粗放式经济增长模式之下，投资对经济增长的带动作用非常明显，尤其是宁夏地处内陆地区，由于地理位置特点，在我国对外开放发展中缺乏交通优势，经济开放度不高，外向型企业比较少，对外贸的依存度较低，投资成为了拉动经济增长的主要动力。随着经济发展进入新常态以及“一带一路”战略的实施，宁夏传统的经济增长模式难以为继，房地产库存压力增大，传统行业企业产能过剩，依靠传统的投资模式已难以为继，必须转变发展观念，以经济结构调整，产业转型升级，对外开放，创新驱动经济增长。在新的条件下，应该对投资进行引导，将资金投入到战略新兴产业中去，形成宁夏经济新的增长点。

一、有效投资的理论内涵分析

有效投资的理论内涵随着经济社会的发展而变化。当前，宁夏扩大有效投资应该以自治区重大发展战略为导向，以产业转型升级、经济结构调

作者简介：马琴，宁夏社会科学院综合经济研究所副研究员，博士。主要研究方向为区域经济。

整、战略新兴产业建设开放式宁夏的投资为主导。尤其是宁夏经济发展总量较小，应该集中力量将资金投入到能显著改善经济发展方式的领域中去，以最低的投入获得最大的发展收益，因此，扩大有效投资对宁夏经济社会发展意义重大。

（一）有效投资的概念分析

有效投资是指有效益的投资。其中效益的内涵随着经济社会发展的变化而有所变化，一般认为投资大于成本就是有效益的投资。随着经济的发展，人口、环境、资源之间的矛盾日益突出，人们对生活环境、生活品质的要求进一步提高。有效投资就不仅仅是投资大于成本的投资，在成本计算中开始注重外部性问题，譬如高污染、高耗能的项目，已经不属于有效投资的范围。当前宁夏经济发展进入新常态，有效投资不仅涵盖投入产出问题、环境问题还涉及产业转型升级的问题。因此，在本文中笔者将有效投资的概念定义为：经济主体的投资不仅能产生效益，而且是低污染、低耗能，有助于经济结构转型升级的投资。主要原因是宁夏企业大部分处于产业链的低端，效益低，不利于形成具有竞争力的产业结构，如果继续投资于低端产业，生产低附加值的产品，尽管也有产出，但是，已经与经济发展的阶段性目标相背离，因此，这样的投资不属于有效投资的范畴。

有效投资是一个动态的概念，与地区经济发展战略密切相关。在“一带一路”发展战略中，宁夏地处丝绸之路经济带的重要节点位置，应该抓住国家重大的发展战略，融入进“一带一路”经济带的发展中，为宁夏经济发展扩宽空间。在新的发展机遇之下，宁夏经济应该逐步转变低外贸依存度的发展状态，大力支持外向型经济的发展，以地区之间的经贸合作弥补宁夏地区空间小，经济结构单一的弱点，带动宁夏产业结构转型升级。有效投资就是紧扣地区经济发展战略的投资，是有效带动经济结构转型升级，且产生新的经济增长点的投资，因此，在“一带一路”经济带的建设中，外向型经济发展的投资就是有效投资。

（二）优化投资结构是扩大有效投资的重要方式

投资结构是在一定时期的投资总量中各要素的使用及其数量比例关系。投资结构分为投资的产业结构、行业结构、主体结构等等。投资结构反映了一个地区甚至一个国家的经济发展脉络，它可以清晰的表明各个产业、行业的发展进度。投资结构可以从经济、国防、各项社会事业等投资比例进行划分，也可以单从经济投资划分不同的投资结构，主要有投资的产业结构、投资的行业结构、投资的主体结构等。投资的产业结构主要是第一产业、第二产业、第三产业的投资总量及其产值构成比例关系，投资的产业结构可以反映一个国家或地区的工业化发展进度及基本产业结构的比例关系；投资的行业结构主要反映产业内部不同行业的投资构成，行业的发展情况；投资的主体结构由不同的投资主体构成，主要从所有制结构来分析，要结合产业发展、行业发展、技术革新分析投资主体在经济结构优化中的作用。投资结构中还包括教育投资、职业培训投资等等，主要是从劳动者的技能素质和精神素质投资构成及其比例关系来看投资对于提高劳动者素质技能的支持力度，在不同的经济制度和体制之下投资结构的内涵和外延是不一样的。经济结构的内在运行机制决定了投资结构的构成，在调结构的进程中，主要的控制参量是投资结构，优化投资结构可以有效的调整行业结构，甚至培育出新的产业，在经济结构调整的过程中，要想形成地区内的有效投资，就要不断优化投资结构，各投资主体的功能定位要细化分类，各个产业投资的比例也要不断地合理化。

从投资的主体结构来看，投资主要有政府投资、企业投资、个人投资，如果从大的类别来分析，主要分为政府投资和民间投资，政府投资在经济萧条时会带动部分民间投资，对经济的复苏起到一定的带动作用，它具有一定的引导性，是经济发展中方向性的投资。尤其是在经济结构转型升级中，政府的投资项目可以有效的引领民间投资的方向，产生新的经济业态。与此同时，政府投资对民间投资具有一定的挤出效应，尤其是在经济繁荣时期，政府投资对民间投资的挤出效应会比较明显，譬如，基础设施建设，政府投资了，民间资本就无法进入；银行贷款也会优先选择信誉度极高的政府项目，这样会使得一些中小企业难以取得银行贷款，会挤出一部分民间投资项目。因此，在扩大有效投资的过程中，应该明确细分政府和民间投资的领域，最大限度地撬动社会资本投入到战略性新兴产业之中，使政府投资更多的关注民生领域和社会保障服务领域。

二、宁夏各类投资的现状分析

宁夏各类投资主体还处于传统的发展模式中。在供给侧结构性改革过程中，粗放式的经济增长方式难以为继，虽然经济发展的惯性还在增加，但是投资的结构已经发生了重要的变化，尤其是钢铁、煤化工、房地产等投资开始下降，战略新兴产业投资开始崭露头角。宁夏当前经济发展处于调结构的阵痛期，旧有的发展模式难以为继，而新的产业还没有大规模的形成，因此，投资出现了青黄不接的局面。

（一）投资规模不断扩大

近五年宁夏回族自治区全社会固定资产投资规模不断扩大，投资增长呈现下降趋势。房地产开发投资增速逐渐下降，在去库存的压力下，2015年出现了负增长，2012—2016年房地产投资占全社会固定资产投资的比重分别为：20.34%、20.8%、20.45%、17.93%、18.98%，房地产开发投资在全社会固定资产投资中占的比重较高，从2015年开始略有回落。从投资的主体来看，国有经济持续增加，非国有经济投资成为了宁夏全社会固定资产投资的主力；从投资的产业结构来看，宁夏投资的产业结构不断优化，其中第一产业投资增长较快，第二、第三产业投资稳重有进，在供给侧结构性改革过程中，国内外市场波动，随着“三去一降一补”的推进，使宁夏传统的高耗能、高污染产业受到的冲击较大，工业转型升级压力较大，房地产投资下降，经济下行压力增大，2016年第二产业投资出现了负增长（见表1、表2）。

表1　2012—2016年宁夏全社会固定资产投资及结构

单位:亿元,%

年份	全社会固定资产投资		基本建设投资		房地产开发投资		国有及国有控股经济投资		非国有经济投资	
	金额	增长	金额	增长	金额	增长	金额	增长	金额	增长
2016	3835.46	8.6	2552.65	6.6	728.16	14.9	1716.56	3.2	2118.9	13.3
2015	3532.93	10.4	2393.53	14.8	633.64	-3.2	1663.47	19.4	1869.46	3.4
2014	3200.98	19.4	2084.6	20.6	654.8	17.1	1393.1	21.9	1807.89	17.5
2013	2681.14	27.1	1728.4	26.9	558.97	30.2	1143.13	30.5	1538.01	24.7
2012	2109.52	27.5	1361.49	28.8	429.15	27.6	876.21	4.6	1233.31	51.1

注:数据是作者根据2012—2016年宁夏回族自治区国民经济和社会发展统计公报整理而得。

表2　2012—2016年宁夏全社会固定资产投资的产业结构

单位:亿元,%

年份	第一产业		第二产业		工业		第三产业	
	金额	增长	金额	增长	金额	增长	金额	增长
2016	162.21	19.9	1641.4	-1.3	1640.85	-0.5	2031.85	17.1
2015	166.45	29.3	1662.37	15.4	1648.28	15.7	1704.11	4.4
2014	128.69	44.7	1439.97	14.5	1424.52	15.1	1632.33	22.3
2013	88.93	23.9	1257.27	19.8	1237.21	21.5	1334.94	35.1
2012	71.81	50.3	1049.34	27	1018.03	27.6	988.37	24.6

注:数据是作者根据2012—2016年宁夏回族自治区国民经济和社会发展统计公报整理而得。

（二）投资结构处于重构的关键时期

经济结构的调整必然伴随着投资结构的变动。随着供给侧结构性改革的不断深入，在经济下行压力之下，宁夏经济处于重新调整结构的重要时期，部分地级市的经济发展正处于调结构的阵痛期，投资出现了大的滑坡，2014年和2015年中卫市投资出现了断崖式的下跌，“2011—2015年，中卫市固定资产投资增速分别为25.2%、26.8%、28.3%、5.5%和5.3%”①。2014年之后，投资增速回落较大，其原因在于：一是工业和房地产领域“产能双过剩”的严峻形势虽有好转但仍没有根本好转，传统经济发展模式在新一轮的经济结构调整中处于转型升级的关键时期，还没有完成转型升级，难以产生新的投资项目。二是新的增长点尤其是重大科技创新还没有形成大规模产业化浪潮。新能源、云计算等新的主导和支柱产业仍在孕育之中。旧有的经济发展模式已经不能够有效支撑到经济的增长，而新的产业还没有成长起来，形成了调结构、转模式的经济发展真空地带。在已有的投资中，出现了投资效益较低，尤其是工业高投入低产出。“2010年中卫市投资效果系数（单位固定资产投资所增加的国内生产总值）为0.166，即每亿元固定资产投资可实现0.166亿元的生产总值，2011年为0.249，之后逐年下降，2014年仅有0.03，2015年为0.05，下降趋势明显。”②在产能过剩、房地产库存过多的形势之下，市场已经饱和，投资的空间变小，投资回报率逐年呈下降的趋势。

（三）新的产业还不能形成大规模的投资

新的经济增长点还没有成长起来。在传统产业发展动力不足，市场空间饱和的同时，新兴产业还没有成长起来，造成了宁夏部分县、市经济发展青黄不接的局面。经济结构调整是一个长期的过程，一方面传统产业面临着转型升级的局面，在短时期内难以完成转型升级，尤其是宁夏传统工业聚集的城市，传统产业转型升级压力大，经济发展对传统煤化工依赖程度高，调整经济结构的困难大。另一方面，战略新兴产业发展处于起步阶段，尤其是在创新驱动发展战略的进程中，由于宁夏企业处于产业链的中下游，经济效益与研发投入的关联度不高，在创新驱动发展中处于比较被

①②数据为课题组在中卫市调研所得。

动的地位。尤其是承接东部产业转移战略的实施，虽然填补了宁夏经济发展中优质企业不多的空白，但是又出现了宁夏产业布局在全国产业布局中处于中下游水平的局面。这也是一个两难困境，与宁夏经济社会历史发展水平息息相关。

三、宁夏各类投资存在的问题

经济发展进入新常态，在深入供给侧结构性改革过程中，宁夏传统产业举步维艰，规上企业减产、停产的现象比较多。传统特色优势产业转型困难，尤其是石嘴山市由于历史发展原因，在供给侧结构性改革中面临的形势较为严峻。

（一）传统产业投资下降

随着经济发展进入新常态，工业产能过剩、房地产去库存压力大，投资效益逐年降低，已有的经济发展能力和水平还需要较长一段时间来消化已经形成的产能，经济增长的压力较大。今年以来，一方面，受严峻复杂宏观经济形势和长期积累的结构性矛盾等多重因素影响，全区经济下行压力持续加大，投资增长缓慢。另一方面，经济新的增长点还没有培育起来，新一轮的投资规模还没有成型，虽然宁夏投资规模逐年在增加，但是随着经济结构的调整，投资的增长速度已经下滑，房地产的投资出现了下降的情况。宁夏经济发展处于调结构的阵痛期，煤化工、钢铁等特色优势产业在新常态下还未完成转型，市场需求疲软，经济发展后劲不足，导致投资速度出现断崖式下滑。2016 年一季度石嘴山市完成固定资产投资 35.74 亿元，同比下降 5.2%。第一产业完成投资 3.32 亿元，同比增长 79.3%；第二产业完成投资 23.47 亿元，同比增长 1.3%，其中工业完成投资 15.52 亿元，同比增长 66.2%；第三产业完成投资 8.95 亿元，同比下降 29.5%，其中房地产完成投资 3.82 亿元，同比下降 0.9%。重点项目有序推进，92 个重点项目开工率达到 80.4%，完成投资 13.3 亿元，占全市固定资产投资 37%。[①]第三产业投资的增长实际反映了经济发展的水平，石嘴山市第三产业投资下降 29.5%，说明当地的第一、第二产业发展不能有效地支撑到第三产业的发展，经济发展处于缓慢前进的状态。石嘴山市是宁夏工业发展较好的城市，经济发展受去产能、去库存影响较大，经济结构转型升级任务艰巨。

（二）结构性矛盾突出

在供给侧结构改革过程中，新兴产业与传统产业的衔接还没有完成，出现了经济发展的结构性矛盾。尤其在宁夏工业城市由于传统产业发展基础较好，在新一轮的改革中受到的冲击较大，部分央企驻石嘴山工业企业产值下滑幅度较大，新的产业还没有扶持起来，造成经济增长速度放缓。主要工业品价格总体处于低位，部分产品库存积压严重；煤机制造等涉煤企业生产经营困难，规上企业停产 37 户，减产 104 户；金融机构惜贷、慎贷，企业融资困难，部分企业偿债能力降低，金融风险加大。财政收支矛盾比较突出。一般公共预算收入略有增长，但税收下降了 8.89%，同时财政支出大幅增长，财政收支矛盾加剧。投资总量不足。虽然产业投资和社会投资扩大，投资结构有所优化，但受市场大势影响，企业投资意愿及能力下降，部分在建、新建项目进度放缓；区属项目投资下降 46.7%。招商引资难度加大，引进新项目少。[②]传统企业受市场冲击较大，停产、减产企业数量较多，金融机构也不愿意承担风险，会减少贷款，导致经济发展进入到一个恶性循环当中，经济发展形势越差，企业面临的风险越高，获得银行贷款的可能性越低，导致企业不敢投资，社会整体经济发展的预期就会降低。

（三）市场消费动力不足

国际国内市场大宗工农业产品价格普遍走低，对农民增收、工业增效、

①②数据为课题组在石嘴山市调研所得。

财政增税影响较大。市场缺乏新的消费热点，汽车、煤炭及制品类等主要消费增长点明显回落；区域中心带动力不强，外向型经济发展没有形成规模，新型业态、新行业发展缓慢，整体上影响了全社会的投资。2016 年第一季度，永宁县“工业企业经营压力较大，支柱产业拉动不强。一是骨干支柱产业支撑不力，经济效益下降幅度大。全县 81 家规模以上企业中有 15 家企业亏损，亏损面达 18.5%，有 32 家企业受季节性及资金短缺等因素的影响停产。二是受季节性和市场需求影响，我县规模以上企业生产的产品涉及水泥、钢结构、铝合金门窗、供排水管、电缆、硅铁、配电箱等主要行业产能过剩，产品价格下滑，产品需求不足，企业订单少。投资进展缓慢，房地产去库存压力大。今年以来，全县开工项目较少，同比下降 28.6%，投资企业多持观望态度。房地产投资同比有较大增幅，但库存压力较大，截至 3 月底，全县房地产待售面积 45 万平方米，同比增长 9.6%，其中住宅待售面积 26 万平方米，同比增长 8.4%；商品房待售面积 18 万平方米，同比增长 18.4%。商品房销售额为 8773 万元，同比下降 54.2%”①。受经济下行影响，宁夏县市企业都面临着去产能、去库存的压力，产品市场价格下跌，导致企业减产、停产，对投资持观望状态，传统房地产行业库存压力较大，已经难以带动投资了。市场供过于求，产品价格下降，导致企业减产、停产，进一步影响投资，从而导致社会收入减少，消费力不足，经济循环进入了一个向下发展的过程中。供给侧结构性改革的过程中，传统产业不可避免地面临减产、停产、合并、转型的问题，此时，新的产业还没有形成规模，各县市经济发展压力较大。

（四）新兴产业投资不足

扩大有效投资最主要的方向是实现产业结构调整和经济转型，尤其是新型产业的发展，能够实现经济换挡，调整当前的产业结构。当前宁夏新

①数据为课题组在永宁县调研时所得。

型产业处于起步阶段，大规模的投资还没有实现，新型产业发展面临人才瓶颈，因此，新兴产业的投资带动能力有限。在对接国家“一带一路”发展战略的产业布局和空间布局中，宁夏处于战略起步阶段，联通区内外的交通网络运输建设正在进行，各个经济发展空间产业布局初步形成了规模，经济发展空间之间的联动作用较小，区域内产业分工协作网络没有形成，因此，对经济发展的带动能力有限，函需进一步的发展，才能形成新的经济发展空间。

四、宁夏扩大有效投资的思路

扩大有效投资是支撑经济稳定增长、调整产业布局、增强企业转型发展的有力抓手，也是供给侧结构性改革的重要内容。宁夏扩大有效投资，一方面应该巩固现有的特色优势产业发展势头，促进企业转型升级；另一方面应该抓住战略新兴产业发展的先机，大力扶持具有发展潜力的中小企业，培育成长为自治区支柱产业，从根本上调整经济结构，摆脱传统经济发展模式的影响。

（一）投资模式多元化发展

采取多元化方式筹措资金，加强政府对投资的引导作用，使社会资金投入到战略性新兴产业中。布局一批战略性重点项目，带动产业转型升级和经济结构调整。顺应经济新常态，加快推进政府和社会资本合作（PPP）新模式，加大重大交通基础设施建设、棚户区改造配套设施建设、城镇基础设施建设等公共服务项目的 PPP 模式投资力度，着力破解项目融资难题。通过试点 PPT 投资模式，不断地总结经验，逐步开放推广至全区，通过政府与社会资本的合作，可以强化政府对民间资金投向的引导作用，将民间资金引向有利于形成新的经济结构和增长点的领域，同时，解决政府投资资金不足的问题。

建立政府投资基金，撬动银行贷款，扩宽资金来源。要主动适应和引领经济新常态，围绕“稳增长调结构促改革惠民生防风险”，突出稳投资及投资转型升级，由政府组建民生、基础设施等投资集团，承担政府投资项目融资、投资、建设、经营等职能，扩大资金来源渠道，拓宽政府投资的道路，特别是要加大和落实有利于调结构惠民生的具有公共产品和服务的基础设施短板投资，注意不断提高投资的长期回报率，发挥好投资的关键作用。通过成立政府投资基金，以政府的信誉度帮助企业解决资金困难的问题，尤其是解决转型升级、调结构过程中的资金不足。加强对中、小企业的扶持力度，尤其是高新技术企业，是宁夏创新驱动发展的重要“生态环境”，应该加强资金支持力度，培育一批高科技骨干企业。

（二）改革行政审批程序

深化行政审批改革。顺应投资需求形势，全面深化行政审批改革，启动组建成立市综合审批局，推进行政审批流程再造，实现“一站式”办理，提高审批效率。以全面推进网上审批为核心，继续深化投资体制“并联审批”审批制度改革，全力推进投资项目在线审批监管平台建设，建立企业投资项目网上并联核准制和纵横联动协同监管机制。全面解决不同审批部门权限下放不同步的问题，促进土地、环评、安全等审批权限同步下放，真正变审批为服务，给企业松绑、让市场发力，最大程度优化审批程序、减少审批环节和缩短办理时限。

（三）抓好重点领域的投资

有效投资是以调整经济结构，完成经济转型为目标的投资。加强政府政策引导民间资本投入到战略性新兴产业中，以重点项目投资为抓手，推动社会资本流向经济结构调整，企业转型升级的领域中。重点梳理一批具有明显带动支撑作用的项目，开展前瞻性研究。抓住经济结构调整的主干企业和行业，以重大项目带动企业、行业的发展，扶持具有发展潜质的中、小企业，为经济结构调整建立基本的骨架。

结合当前宁夏建设开放型宁夏的战略任务，在重点领域布局一批项目。其中交通运输是经济发展的大动脉，是建设内陆开放型宁夏的重要基础条件，抓住国家“一带一路”发展契机，重点支持联通区内外的交通网络基础设施建设。重点抓好五大领域的投资，一是传统特色优势产业转型升级。大力推进智能化、物联网等新技术的应用，打造宁夏传统特色优势产业的“智能化”，继续发挥已有产业的优势，推动特色优势产业产业链延伸，向产业链高端方向发展，抢占技术发展的先机，创造经济新的增长点。二要加大基础设施的投资，加大铁路、高速公路、航空、信息网络建设的投入，为宁夏建设开放型内陆经济实验区创造更加便利的交通条件。三是要加大创新类投资。培育一批高新技术企业，加强对教育、科技的投入，建设创新型省份。四是加大公共服务类投资，政府牵头重点加强改善民生的投资，突出城乡一体化的公共服务供给体系建设。五是加强统筹城乡建设类投资。重点增加城市地下综合管廊、农村生活用水体系的建设，推动城镇基础设施建设和公共服务向农村延伸覆盖。

宁夏进一步优化营商环境研究

马　娟

2018 年，国务院首次常务会议部署进一步优化营商环境。会议提出进一步优化营商环境，是建设现代化经济体系、促进高质量发展的重要基础，应该抓紧建立营商环境评价机制，改革创新体制机制，提高对国内外投资者的吸引力。宁夏要实现未来五年发展目标，就必须从进一步优化营商环境着手，找到发展路径。

一、宁夏发展现状的外部环境分析

一般影响营商外部条件是指的外在因素，如经济、政治以及文化等诸多方面。由于外部环境作为一个系统，具有稳定性、相关关联和复杂性的关系。宁夏作为吸引投资的主体就必须从投资者关注的角度分析自身经济社会投资环境的优劣因素，从而实现优化投资环境吸引投资的目标。具体到宁夏目前的发展现状而言主要有相对稳定国内外的经济政治技术条件。

作者简介：马娟，宁夏社会科学院科研组织处科长。

（一）“一带一路”的国家发展战略背景，为经济发展提提供了更大的发展空间

2013 年 9 月，习近平总书记提出发展“一带一路”重要倡议。2015 年，习总书记在博鳌论坛会议上详细阐述了该构想。其后，经国务院授权，国家发改委、外交部、商务部联合对外公布了《推动共建丝绸之路经济带和 21 世纪海上丝绸之路的远景与行动》，提出了共建“一带一路”的时代背景、共建原则、框架思路、合作重点、合作机制等。该战略为我国和“一带一路”沿线国家的经济发展搭建了一个新的合作共赢发展平台，同时也从国家层面设定了新的历史发展机遇和更加广阔的发展合作空间。胜利召开的十九大在“推动形成全面开放新格局”中再次强调要以“一带一路”建设为重点坚持引进来和走出去并重，遵循共商共建共享原则，加强创新能力开放合作，形成陆海内外联动，东西双向互济的开放格局。

这里有三点值得重点关注：一是建设“一带一路”的重点内容是投机贸易合作，总体思路是共建国家经济合作走廊。二是依照《推动共建丝绸之路经济带和 21 世纪海上丝绸之路的远景与行动》中提出：发挥陕西、甘肃综合经济文化和宁夏、青海民族人文优势，打造内陆型改革开放新高地，加快兰州、西宁开放，推进宁夏内陆开放型经济试验区建设，形成面向中亚、南亚、西亚国家的通道、商贸物流枢纽、重要产业和人文交流基地。西北五省均可以根据这一定位依托陆上国际大通道，在国家战略布局中推动本地区对外贸易的发展、扩大外对市场促进本地区经济发展。三是在开放格局建设中的“优化区域开放格局，加大西部开放力度”，对西部的发展更加有利也更加明确。

（二）工业 4.0 的到来，引领了信息化和数字化时代发展的必然，也提供了一次经济发展中的技术跨越发展机遇

所谓“工业 4.0”是指利用新的信息技术手段，让机器与机器对话的方式，以尽可能少的资源来完成产品的制造。它具有两个显著优势：一是

让机器主导生产，可以降低产品成本尤其是人工成本；二是在较低成本的基础上，实现面向个体消费者的个性化生产，实现产品的创新。而这两个优势恰恰可以弥补我国目前的两个发展困境：一是我国由于人口红利的逐渐消退，我国作为全球大工厂的地位也渐不如前；二是我国的产品在创新上有所欠缺，被称为山寨大国，如果与消费者的个性化需求势必会对产品的创新大有裨益。虽然从“工业 4.0”在德国的发展沿革来看是一个在经历了机械化等发展过程的积累后必然走向数字化、信息化的选择，具有长期、渐进和系统优化积累是主旋律的特点。但这也并不意味着信息化和数字化本身必须沿袭此路径。因此，“工业 4.0”的到来对我国经济的发展是可遇不可求的契机。

（三）国内经济发展的新常态，为国内的经济发展提供了一次调整发展的机会

十八大以后，我国不再继续采取大规模经济刺激计划，从关注短期增长转向了更加关注长期增长和结构转型，通过短期危机倒逼改革。2015 年 11 月，习近平总书记在中央财经领导小组第十一次会议上发表讲话，强调推进经济结构性改革是贯彻落实中国共产党的十八届五中全会精神的重要举措。同年 12 月，中央经济工作会议指出，2016 年是全面建成小康社会决胜阶段的开局之年，也是推进供给侧结构性改革的攻坚之年。2016 年初，习近平主持召开中央财经领导小组第十二次会议，研究供给侧结构性改革方案。同年 5 月，习近平总书记主持召开了中央财经领导小组第十三次会议强调，当前我国供给侧结构性改革的主攻方向是减少无效供给，扩大有效供给，提高供给结构对需求结构的适应性。改革的内容以市场化为导向、以市场所需供给约束为标准。主要体现在削平市场准入门槛、真正实现国民待遇均等化，降低垄断程度、放松行政管制，降低融资成本、减税让利民众，减少对土地、劳动力、技术、资金、管理等生产要素的几个方面。十九大报告更加明确地指出要深化供给侧结构性改革。由此可见，

国家实施供给侧结构改革是一个日渐清晰的过程，更是未来我国经济发展的必然选择。

二、宁夏自身发展内部因素分析

宁夏的投资环境，不仅会受到外部条件的影响，也会受到其自身条件的制约。宁夏自身是被投资的主体，如果主体没有投资的价值，那么一切就如无源之水、无本之木。因此，宁夏投资环境的外部条件和自身条件因素两者缺一不可。宁夏是我国五个少数民族自治区中唯一的回族自治省区，回汉等多民族和谐共处、共同发展造就一个这个民族和谐的典范省区。对于宁夏的发展现状而言具有以下特点：

（一）缺乏区位优势，内部发展不平衡

首先，宁夏地处内陆，虽然具有了相对比较发达的交通体系，但受地域限制并不具有优势。如果按照世界银行提出的密度、距离、分割三大经济地理特征的分析框架来看，宁夏在三者中均不具有明显的优势，尤其是距离问题。当然相比较而言，除陕西具有国际性机场、新疆具有内陆口岸外，西北其他省区也面临同样困扰。

其次，宁夏还存在着川区和山区的差异，以及城乡发展不均衡的问题。就工业化发展阶段而言，宁夏川区处于工业化发展中期，山区则处于工业化发展初期；就宁夏城乡发展不均衡看，存在农村的社会事业滞后、农村和城市居民收入差距大等突出问题。这一问题属于西部五省的共同劣势。

如前所述工业 4.0 时代的到来可以将这一劣势变为优势。工业 4.0 可以实现终端之间的对接，实现产品的远程推介以及个性化服务定制，有利于产品的创新发展。宁夏走出去和区内协调发展可以凭借这一重要契机。宁夏已经适时提出了“互联网 +”推进着智慧宁夏与“云中漫步”——宁夏信息化建设工作，这些将会对宁夏的发展有一定的促进作用。

（二）宁夏工业体系倚重煤电，产能相对过剩

目前，宁夏的工业体系以煤炭、能源、电力、医药为主。截至2015年底煤炭、电石、焦炭等行业的产能过剩问题比较突出，产能利用率最低只有50%；煤炭行业去库存压力很大，2015年1000万吨，截至2016年4月达1514万吨，虽然2016年末后有所转圜。但受到用工成本高、社保缴费基数提高、企业融资难、税费负担重等因素的影响，宁夏的企业在经济下行压力下发展日益缓慢。面对宁夏如此工业结构体系和整体经济发展形势，淘汰落后产能、去库存的压力成为宁夏自身经济发展的必然选择和唯一路径。按照国家的供给侧结构的要求，实施宁夏经济的供给侧结构改革也是宁夏未来发展的必要条件。

（三）自然环境相对比较脆弱，因地制宜发展是关键

宁夏本身地处内陆自然环境脆弱基础上存在差别。一方面是宁夏尤其南部山区又在干旱地区临近沙漠，具有日照时间长，水资源蒸发量大，水质本身盐碱化高的特点。宁夏南部山区是宁夏特色农产品生产加工贸易基地、轻工产品制造基地，面对未来发展的需要应该严格限制重污染、高耗能产业发展，对现有污染企业改造实施升级搬迁。另一方面是宁夏自然资源中煤炭贮备相对比较丰富，开采后破坏生态的修复问题。随着近十年来宁夏经济发展的需求，对煤炭的开采和挖掘使得本来已经相对比较脆弱的煤炭贮备地区生态环境更加雪上加霜。这就要求我们必须牢固树立生态保护为第一要务。

因此，宁夏的发展中必须面对生态环境与经济发展的博弈。不走“先污染再治理”的发展模式，对于宁夏未来的发展必然会影响深远。诚然，这两者之间的选择难以取舍，但这也是宁夏实现绿色发展的一个路径。

（四）扶贫攻坚任务繁重，亦有后续社会问题

宁夏南部山区的地理条件特殊，贫困问题在该区域的也相对比较突出，西海固地区更是有苦甲天下的说法。宁夏的扶贫人口已经从2012年的101.5万人下降到2015年的58.12万人，贫困发生率由26.6%下降到

14.5%，取得了很大的成绩。按照宁夏回族自治区党委、政府根据全区贫困地区和贫困群众现状，提出的“三年集中攻坚，两年巩固提高，力争提前脱贫”这一奋斗目标，按照现行标准下仍有 58.12 万农村贫困人口。扶贫的有效途径——生态移民，存在搬迁压力。同时生态移民伴生问题也不容忽视，比如搬迁后的合理安置以及安置后的诸多社会调试问题都会很长一段时间存在，如何让他们从简单的日出而作日落而息实现朝九晚五的转变，这不但得有个生活模式的转变更得有个心理角色转换的适应过程。

如果整个适应过程顺利，应该是宁夏经济发展中尤其是劳动密集型企业是一个福音；如果不尽如人意，则可能会产生其他新的社会问题。

（五）基础教育水平不均衡，缺乏高技能专业人才

宁夏基础教育存在相对不均的情况。截至目前，宁夏普及初中文化教育并未达到全区覆盖，高中教育更是相对薄弱。文化教育水平的偏低决定着只能从事低端劳动密集型行业，而这对推动宁夏经济发展实现全民小康无疑具有一定的制约性。同时对于宁夏本地又存在的高技能人才留不住、引不来的尴尬境地。根据工业 4.0 发展的需求，在人才的支撑条件方面必然对宁夏未来经济发展存在很大的劣势。

三、宁夏优化营商环境的保障条件

通过对以上营商环境优劣势的分析，可以发现要实现宁夏经济社会发展目标必需得有一段很长的路要走。我们不能由于宁夏发展的弱势而妄自菲薄，也不能因客观环境的某些有利条件而沾沾自喜。我们需要冷静客观地看到宁夏的发展需要有质的飞跃，但是体现在宁夏的各个方面并不现实。因此对于宁夏如何实现未来五年的发展目标，必需要做好以下的保障条件：

（一）做好顶层设计搭建制度环境体系，做好宁夏营商环境的保障

就地区发展而言，任何时候都需要一个总的行动性纲领来指引和规

范。如果没有一个完善的、科学理论支撑作为顶层设计，那么发展会步履蹒跚甚至事倍功半。所谓顶层设计包括：

一是法律制度体系的建立和完善，比如充分发挥宁夏本地内陆开放型试验区的定位制定相关的规章制度。第一，可以简化诸如外贸、金融、投资等管理中的流程，使得一些愿意促进宁夏经济发展的实业得以尽快地落地发展。第二，充分细化行政法规中自由裁量权设定，使得办事主体可以充分了解掌握办事的内容，方便快捷高效完成工作。第三，推动更多行政主体执法公开透明，实现行政行为高效化接受全方位监督。

二是建立全方位的公共服务体系。政府作为公共服务的提供者要做到尘归尘土归土。首先，政府充分发挥自身全局性、统筹性的优势，为宁夏发展把脉。工业 4.0 的到来，是一个历史趋势要早涉足早了解早调整。宁夏在哪些领域在可以此次契机具有优势要有所引导和促进，哪些领域不适宜发展要有所掌握不做无用功。其次，按照国务院纵深推进"放管服"改革要求，搭建覆盖面更广、内容更加全面的公共信息平台，简化流程，放管结合，优化服务，为宁夏发展助力。信息的快捷、准确、全面对于参与社会活动有着重要的价值，比如医保、工商、税务、金融、教育等领域。不但是经济行为中的商业价值同时也是社会和谐有效的润滑剂，这项工作的推进有着更加长远的意义。

（二）对宁夏经济社会有清楚的摸底和定位，找到宁夏营商环境有利内部条件

宁夏营商环境的优化离不开对自身投资环境的清晰掌握，只有对本身条件有明确清晰的定位才能实现有效的优化。

宁夏的区位不明显和发展不平衡问题，构筑经济实力的内部硬件建设。宁夏通过不断建设的交通体系已经得以部分的缓解，再凭借工业 4.0 时代到来的契机，积极发展不受其影响或者影响较小的产业，可以规避距离劣势，比如个性化设计和定制、中卫云基地建设等。同时按照国家供给

侧结构性改革的要求，对宁夏经济结构中的“三去一降一补”的需求，实现以创新驱动战略工作引导宁夏产业结构的调整使其在发展中得以扬长避短实现了宁夏投资环境中基础条件的优化。

坚持绿色发展理念，实施宁夏的生态保护措施建设形成独特自然环境优势。要实现环境优美宁夏的目标，必须突破要发展就会有污染的思维模式，坚持生态建设立区，坚决不走“先污染后治理”的道路，这本质上是实现了优化投资环境目标的基础条件。宁夏本身的生态环境脆弱，但也有着其他地区无法替代的优势——有沙有水、空气质量相对较高、面积不大但地域特色鲜明，这些都是宁夏实施绿色发展的有利条件。同时，其独特的饮食文化，相信在国家“一路一带”的发展中也是宁夏实现打造国际旅游目的地目标的优势所在。这些因素将是其他地区无法复制的投资环境附加值，必然会使宁夏的发展更加开放和包容。

坚持扶贫攻坚不放松，为优化投资环境创造条件。扶贫攻坚计划既是实现人民富裕的需要，也是与全国同步建成小康社会的必然选择。通过扶贫，对攻坚实现宁夏人均生活水平的提升有着重要的意义。扶贫攻坚采取的生态移民可以为经济发展提供重要因素——劳动力。生态移民的各项安置工作和社会调试适应工作可以实现宁夏一定劳动力的转化和释放，对于宁夏经济中一些劳动密集型企业是一个利好消息，对于促进宁夏经济的发展也有一定的积极意义。

改善教育水平的发展不均，为优化宁夏投资环境提供人才环境储备。宁夏普遍教育水平发展不均，固然会影响宁夏的发展，但如果措施得当，对宁夏投资环境会有一定的促进。在全国普遍面临着人工成本高、用人荒的局面下，我们则面临的教育水平低无法胜任某些工作的问题。如果能将这些受教育程度不高的人员集中起来开展技能培训，实现他们技能的专业化、全面化，无论是对增加宁夏人均收入、提高生活质量，还是对实现宁夏经济总量发展，都有一定的积极意义。

（三）准确地把握适合宁夏发展的契机，实现宁夏营商环境的优化

宁夏的营商环境的优化，最终要实现宁夏自身发展与外部环境两者的统一，这对于宁夏实现未来五年发展目标异常重要。正所谓时移势易，行业不同的发展模式也会随之发展变化，在各自行业发展的规律下如何在合适的外部投资环境中积极发展，是宁夏发展必须精准掌握的问题。比如，宁夏的工业结构中，煤炭行业发展，应该结合国家的绿色发展理念，和供给侧结构性改革发展积极寻求煤炭清洁化道路积极转型；充分运用“互联网 +”大数据远程终端对接实现宁夏地域优势特色产品的个性化服务和推介；等等。

综上所述，宁夏实现营商环境的优化是一个全面系统性的工作，需要多维度、多领域综合地考量和具体有效的调试措施相结合才能实现。有了良好的营商环境，则会为宁夏实现未来五年发展目标创造有利的条件。

宁夏创新公共服务提供方式研究

余志明

随着宁夏公共服务体系和制度建设不断推进，公共服务提供主体和提供方式逐步多样化，宁夏目前已经初步形成了政府主导、社会参与、公办民办并举的公共服务供给模式。但是，与人民群众日益增长的公共服务需求相比，不少领域的公共服务存在质量效率不高、规模不足和发展不平衡等突出问题。面对人民日益增长的对公共服务方面的美好生活需要与以上不平衡不充分的发展之间的矛盾，迫切需要政府进一步强化公共服务职能，创新公共服务供给模式，有效动员社会力量，构建多层次、多方式的公共服务供给体系，提供更加方便、快捷、优质、高效的公共服务。

创新公共服务提供方式，是我国行政体制改革和政府职能转变的重要内容，对此，从中央到自治区都有明确要求。党的十九大报告明确指出，要完善公共服务体系，保障群众基本生活。党的十八届五中全会提出，要“创新公共服务提供方式，能由政府购买服务提供的，政府不再直接承办；能由政府和社会资本合作提供的，广泛吸引社会资本参与”。自治区第十二次党代会报告明确提出，要加快推进公共服务均等化。自治区党委《关于制

作者简介：余志明，宁夏社会科学院社会学法学研究所助理研究员。主要研究方向为权利保障、刑事诉讼等。

定国民经济和社会发展第十三个五年规划的建议》中，也明确提出要创新公共服务提供方式，广泛吸引社会资本参与，提高公共服务效率和质量。

经济发展的最终目标是惠及更多群众，持续提高人民群众的福祉水平，而创新公共服务提供方式，是实现这一目标的题中应有之意。

一、创新公共服务提供方式的意义

（一）是满足急剧增长的社会公共需求的必然要求

人们生活水平的提高，不仅依赖于日益丰富的私人产品，而且很大程度上取决于公共服务的数量和质量。随着我国经济社会的发展，特别是人均国民收入的提高，社会公众对公共服务的需求日益增长，政府由于财力、能力所限，不可能充分满足社会公众日益广泛且比较细化的公共服务需求。社会公共服务需求的急剧增长与政府公共服务供给缓慢之间就构成了矛盾，要解决这一问题，就要创新公共服务的提供方式。政府是公共服务的安排者，政府要确定提供哪一些公共服务，并且提供公共服务所需要的资金，进行公共服务提供的监督和绩效评估等。但政府不一定要作为公共服务的提供者，公共服务的提供者可以由社会组织和私人部门来参与提供，所以，我们要着眼于公共服务的安排者和具体提供者的分离。

（二）是发挥市场决定性作用和政府有效治理作用的必然要求

政府、企业和社会组织是人类最基本的组织形态。这三种组织形态分别有其内在的运作机制。政府的公共权威机制、市场的竞争机制和社会组织的公益服务机制，这三种机制是人类社会运行的基本机制，它们之间科学有效的分工配合，是确保公共服务绩效的基础和保证。

二、公共服务各种提供方式的比较

（一）公共服务的政府提供

政府提供方式容易出现三个方面的失效现象：

一是财政压力增大。随着社会的发展，公共服务的需求不断增长，公共服务的规模也大幅度增加，政府通过公共企业和事业单位提供的公共服务也越来越多，这也意味着公共财政支出的压力越来越大。

二是容易导致信任危机。由于政府垄断公共服务，容易导致一些制度缺陷，如公共服务的供给不足、质量低劣，对社会公众的需求反应缓慢等问题，所以，容易导致社会公众对一些垄断国企的不信任。

三是容易导致公众的道德公害问题。政府垄断提供的福利和补贴越多，容易发生欺诈和道德公害，养懒汉等问题的可能性就越大。

（二）公共服务的市场提供

公共服务的市场供给方式当中，生产者是私人企业和社会力量，它们以营利为目的，所以，市场提供主要是以可收费服务为主的公共服务。政府要为市场提供的公共服务确定安全等标准，同时也要进行相应的价格管制。公共服务的市场供给方式包括:合同外包、特许经营、使用者付费等。

1. 合同外包

合同外包的服务主要包括边缘技术性服务和辅助性的服务。合同外包可适用于环保、医疗、社会保障、道路交通、通信等领域。合同外包具有重要作用。首先，合同外包使安排者和生产者分离，在公共服务供给中引入竞争，并通过工作说明书的方式形成明确的工作说明和绩效要求，便于绩效的监督。引入竞争的招投标和绩效合同的机制，有利于评估公共服务供给的绩效。合同签订之后，公共服务的生产就进入了经济的过程，市场机制起着主导作用，合同外包具有综合性的收益，有利于提高效率。其次，合同外包也有利于引入专业的社会力量，弥补一些公共部门公务员专门技能缺乏的弊端。再次，也有利于对社会需求做出及时的反应，并根据需求和资源变化来调整项目的规模。第四，合同外包也有利于加强对公共服务项目的管理，提高服务的质量。

2. 特许经营

特许经营指由政府授予企业在一定时间和范围提供某项公共服务或公共产品并且进行经营的权利。授予其特许经营权，准许其通过向用户收取费用或出售物品以清偿贷款，回收投资并赚取利润。一般而言，特许经营期限是在 30 年左右。特许经营制度的使用，引入了市场竞争，吸引民间资本，补充政府资本的不足，发挥了政府的优势同时又避免了政府的劣势。在特许经营权的过程当中，政府的补贴可以发挥数倍甚至数十倍的杠杆效应，政府可以以有限的财政资金撬动大规模的社会投资，弥补政府投资的不足。目前，宁夏各级政府已越来越多地采用特许经营的方式来提供公共服务，特别是在停车场、自来水、垃圾处理等公共基础设施的建设当中。

3. 使用者付费

使用者付费指家庭、企业在实际消费公共服务和公共产品的过程当中，向公共服务的提供者缴纳费用，这个付费取决于实际消费的服务量，不消费不付费，多消费多付费。在公共服务提供的过程当中，一些公共服务的生产是可以向使用者收费的，如有一些医疗卫生服务、社会物业服务、有线电视服务等，是可以采用向使用者收费的方式的。

市场提供方式在公共服务供给当中具有重要的作用：一是拓宽公共服务的建设资金，社会资本参与公共服务建设，可以有效地解决政府投资不足的矛盾，减轻政府负担。二是通过市场竞争，提升了经济和社会发展的活力。三是分担了政府投资公共服务的风险，减轻财政补贴压力。四是私人投资者和社会力量在公共服务的市场化供给当中，能够获得长期稳定的资本回报率，这也有利于市场力量的发展。

（三）公共服务的社会提供

社会供给主要是指社会组织通过其雇员，为社会公众提供公共服务的一种方式。如志愿消防队提供的火灾防护和以社区为基础的公共服务等。社会提供公共服务的主要方式包括三种：无偿捐赠、志愿服务、社会经营和社会企业。这三种方式的提供者出于长期的、理性的自我利益的考虑，倾向于支持社会公益事业，投资于慈善市场，也期待获得政府、社会和员工多方面的认可与支持。慈善精神和捐赠的精神以及志愿精神，日益为社会所接受。所提供资金的总额占据社会公益事业支出的比重也越来越大。但是，要想为社会提供永续健康发展，还有赖于政府税收减免的激励。

三、宁夏创新公共服务提供方式的现状及问题

（一）现状及成就

1. 制定并下发了《宁夏回族自治区关于推进政府购买服务工作的指导意见》及相关配套规定

为进一步深化行政管理体制改革，加快转变政府职能，完善公共财政体系，提高公共服务供给水平，自治区政府于 2014 年 5 月召开了购买服务工作会议，会议根据《中华人民共和国政府采购法》和《国务院办公厅关于政府向社会力量购买服务的指导意见》等法律规定和政策要求，并结合全区实际，以自治区政府办公厅名义下发了《宁夏回族自治区关于推进政府购买服务工作的指导意见》，配套的暂行办法、指导目录、流程规范、建立信息报送机制的通知等也以自治区财政厅的名义陆续下发，初步搭起政府购买服务的制度平台。指导目录共分 6 类 56 款 243 项，涵盖公共服务、社会管理服务、行业管理与协调、技术服务、政府履职所需辅助性事项等六大方面。自治区财政厅从各个实践节点入手，力促购买服务工作落到实处。自治区建立了“政府统一领导，财政部门牵头，民政、工商管理以及行业主管部门协同，职能部门履职，监督部门保障”的工作机制，加强对不同地区、不同项目、不同服务的分类指导，研究制定有关部门、行业、系统的政府购买服务具体办法，推动建立项目申报、项目审定、组织采购、资质审核、合同签订、履约监管、绩效评估、经费兑付的规范化购买流程，强化绩效评估和监督管理，逐步形成行业化、专业化的政策体

系，探索多元化的政府购买服务模式和路径。同时，按照突出公共性和公益性的原则，重点选取民生关注度高、适合由社会力量承担的养老、教育、就业、医疗卫生、文化体育、社区服务、住房保障、残疾人服务等公共服务项目，确定优先开展相关试点项目的试点部门或地区。要求每个市、县（区），每个自治区本级职能部门都要选择 1～2 个领域开展试点。例如，2014 年试点当年，兴庆区政府为老人购买生活服务，向辖区 5 类共 678 名城镇“三无”老人、60 岁以上烈属、60 岁以上享受低保的老人、80 岁以上享受民政部门高龄津贴的老人以及 90 岁以上老年人发放 600 元服务券。老人可以通过拨打“96890”热线，借助社区智能化服务平台，联系专业服务团队或社区周边加盟服务商，上门进行家政、维修、代购、代缴、生活照料、医疗保健、紧急救助等服务，用服务券进行支付，服务商持服务券到政府部门兑换现金。石嘴山人民政府于 2014 年为市以及市辖区（县）政府聘请法律顾问团，已参加政府、职能部门审查修改各类合同协议 15 项，提供法律事务咨询 30 余件次，正式出具 4 份法律意见书，均被政府主要部门采纳。

宁夏的政府购买服务工作已经全面推开，统一有效的购买服务平台和机制初步形成，相关制度法规建设取得了明显进展。

2. 开通了公共服务平台，为中小企业提供普惠式支持

2016 年 7 月 28 日，历时 3 年打造的宁夏中小企业公共服务平台正式上线运行，平台将为全区中小微企业提供找得着、用得起、有保证的公共服务。该平台以 1 个自治区平台为枢纽、6 个市级综合窗口平台和 8 个产业集群窗口平台为节点，依托网络资源实现平台间的互联互通，最终形成统筹全区的服务平台网络。为了方便中小微企业寻找服务，该平台通过线上和线下相结合的方式，不仅开通了呼叫热线“96168”、开辟在线服务、移动应用服务等便捷服务通道，还改造了两万平方米线下服务场所，设立服务大厅，引进服务机构为中小微企业提供直接服务。另外，宁夏还设立了小微企业服务补贴券，并首期推出额度 200 万元，对企业在平台上购买

签约服务机构提供的专业服务给予资金补助，单个企业年度申领和使用服务券总额最高可达5000元。截至目前，宁夏中小企业公共服务平台网络已备案服务机构152家，发布服务产品533款，注册企业496家，开展服务428场次。

（二）存在的问题

1. 相关平台的体制机制建设及运转，有待进一步完善

尽管宁夏已经出台并建立了政府购买服务、为中小企业提供普惠式支持等创新公共服务提供方式的平台，但是与发达省、市相比，仍存在一定差距，服务规模和质量还难以满足人民群众日益增长的公共服务需求，迫切需要政府增强公共服务建设，强化职能，创新模式，有效动员社会力量，构建多层次、多方式的公共服务供给体系，提供更加便捷、优质、高效的公共服务，真正实现发展成果由人民共享。

2. 政府管理“越位”“缺位”“错位”现象突出

一是政府职能的“越位”。“越位”是指政府管了不该由自己管的事情，主要表现在政府对企业、协会、社团等活动的干预上。

二是政府职能的“错位”。“错位”，是指本来属于某一政府机关管理的事情却被另一政府机关所管理，以致造成事权不清、相互扯皮以及财权与事权不统一等问题。与此同时，政府偏重GDP的增长，而忽视了社会发展问题，为求经济增长速度，往往热衷于介入或干预微观经济活动，以市场主体的身份盲目上项目、办企业、引投资，大肆圈地卖地，以致政府对经济的干预强，而对社会公共事务管理弱。

三是政府职能的“缺位”。“缺位”，是指政府应该负有责任的市场监管、社会管理和公共服务方面没有负起或没有很好地负起应有的职责，结果使得经济和社会发展长期积累的问题和深层次矛盾越来越多。

3. 政府提供公共服务的水平有待提高

一是政府对公共服务的投入不足。与广大人民群众日益复杂化、多样

化的社会公共需求相比，目前宁夏各级政府所提供的公共服务产品总量不足，公共服务的投入仍然偏低，尤其是在公共卫生、社会保障、公共基础设施、农村义务教育等基本的公共产品供给和公共服务方面的投入有待继续提高。

二是政府公共服务的质量和效率有待提高。长期以来，宁夏各级政府作为公共服务的主要提供者，几乎垄断了公共服务的提供，由于缺少竞争，使得政府提供的公共服务质量差、效率低成为不可避免的事。

4. 政府的回应能力有待增强。

政府回应，就是政府在公共管理中，对公众的需求和所提出的问题做出积极敏感的反应和回复的过程。近年来，宁夏各级政府在回应方面做了很多工作，回应能力有所提高，但是离公众的要求还有很大差距。主要表现为回应速度慢、效率低；回应议程缺乏针对性和有效性，甚至导致公民对政府的信任危机。

四、宁夏创新公共服务提供方式的对策建议

（一）继续贯彻2014年下发的《宁夏回族自治区关于推进政府购买服务工作的指导意见》

对相关的暂行办法、指导目录、流程规范、建立信息报送机制的通知等配套规章制度，结合目前国家最新的要求和宁夏的实际情况加以修改完善，进一步加强规范政府购买服务等相关制度平台的建设。实践证明，推行政府购买服务是创新公共服务提供方式、加快服务业发展、引导有效需求的重要途径，对于深化社会领域改革，推动政府职能转变，整合利用社会资源，增强公众参与意识，激发经济社会活力，增加公共服务供给，提高公共服务水平和效率，都具有重要意义。宁夏各市、县（区）人民政府要结合当地经济社会发展状况和人民群众的实际需求，因地制宜、积极稳妥地推进政府购买服务工作，不断创新和完善公共服务供给模式，加快建

设服务型政府，力争到2020年，在全区基本建立比较完善的政府购买服务制度，形成与经济社会发展相适应、高效合理的公共服务资源配置体系和供给体系，公共服务水平和质量显著提高。

（二）准确界定政府角色

一是要跳出政府自身，站在整个社会的高度，重新对政府进行全方位的审视，重新界定政府的角色，重新设置政府的职能，重新设计政府的运行机制。按照“小政府，大社会”的行政理念对政府角色进行再设计，使之符合服务型政府的要求。

二是要继续进一步清理行政审批事项，进一步加快行政职能转变。使政府职能切实地从“审批经济”向“服务经济”、从“微观”向“宏观”进行转变，从“全能型”向“服务型”转变。对于通过市场机制可以解决的问题，不应当再设定行政审批；对于通过市场机制难以解决的，但通过社会中介机构的自律管理能够解决的问题，也不设定审批；依法确需保留的行政性审批，从严审批，从紧管理。建立审批“一条龙”服务，减少层层审批所需时间，提高行政审批效率，加快政府职能转变。

（三）完善绩效评估体系

一是要建立“顾客导向”的政府绩效评估体系。督促政府各部门与政府工作人员真正建立并在工作中实施“顾客导向”理念。从多个维度对政府行为进行评估，把经济性评估、效率评估和针对顾客满意的效益评估很好地结合起来，使政府价值目标和公众期望统一起来。

二是要组成多元化的绩效评估主体。在政府绩效评估中引入多元评价主体，拓宽民意表达渠道，减少评估误差。在评估主体的结构匹配中，尤其要注意适当增加社会公众的评估权重。

三是要运用科学化的绩效评估方法。从公共行政自身的特质入手展开探索，在绩效指标的设定方面与目标管理相结合，将组织任务转化为组织目标，再将组织目标转化为可操作的绩效指标，以便绩效评估的进行。

（四）引入市场竞争机制

广泛调动社会各界和各方面力量参与提供公共产品和公共服务的积极性，形成公共服务的多元化与社会化格局，打破行政垄断，形成多中心治理的公共服务供给模式。加大对城市公共设施的投入，增加公共服务产品数量和类型，从而缓解群众对“量”需求的矛盾。在公共工程建设领域，凡是属于经营性或竞争性的项目，应当通过公共招标、内部竞争、合同外包等市场方式营造市场竞争机制。除了义务教育、基础科研、社会保障、公共安全等必须由政府提供的最基本公共服务外，在教育、卫生、体育等公共服务领域，也应当营造竞争环境，利用竞争机制产生的压力促使服务提供主体不断改进服务。

（五）健全政府回应机制

要完善信息公开制度，实行政务公开。政府在不触及国家根本利益的前提下，应该最大限度地公开政府信息。在政务公开的基础上，政府还应实行服务“承诺制”，以提高公共服务水平和公众满意程序为目标，以公民的广泛介入和监督为实现目标的主要手段。推行电子政务，拓展公民参与渠道，提供自动化的信息及其他服务，提高公民的有效参与，从而构建一个有回应力、有效率、负责任、具有更高服务品质的政府。大力拓展和优化公民参与渠道，创造灵活多样的参与方式，并使新的参与方式制度化。在政策过程中吸收公民代表参与、公民训练、基层意见搜集、价值取向法等等。将政府信息快速、方便、廉价、准确地传达给社会公众，减轻公众为此需要付出的经济和时间负担，通过适当的信息提供与发布制度，使公众能够享受方便、快捷的信息服务。通过这种方式，实现双向与直接的沟通和互动，能够有效促进政府部门改善和提高服务质量，从而密切政府与公众的紧密联系。

进一步完善宁夏科技创新活动收入分配机制研究

易静华　赵功强

党的十八大以来，以习近平同志为总书记的党中央把创新摆在国家发展全局的核心位置，深入实施创新驱动发展战略，大力推动以科技创新为核心的全面创新。科研人员是科技创新活动的主体，也是将科技创新成果转化为现实生产力的中坚力量。科研人员开展创新活动是一种具有探索性和创新性的高强度劳动，应获得与其劳动价值相匹配的报酬，这既是对科研人员从事创新性工作的一种激励措施，也是社会对其劳动价值的认可和尊重，体现着政府科技政策和市场经济条件下科技创新的价值取向。

一、科技创新活动的收入分配机制落实情况

科研人员创新活动收入主要来自于科技创新项目的绩效支出，技术服务、科技成果转化的收益分配等。宁夏在此方面的激励机制主要体现在增加财政科技经费人员绩效支出、完善科技成果转化利益分配机制等方面。

作者简介：易静华、赵功强，宁夏科技发展战略和信息研究所科研人员。主要研究方向为科技发展问题。

在增加科研人员的绩效支出方面，根据《关于调整宁夏回族自治区科技项目经费管理办法若干规定的通知》(宁财(教)发〔2014〕377号）要求，劳务费只能支付给课题组成员中没有工资性收入的相关人员和课题组临时聘用人员；课题经费中不超过直接费用扣除设备费后的5%可以用于科研人员的激励绩效支出。目前宁夏财政科技项目经费中的科研人员绩效支出均按此文件落实，执行较规范，对调动科技人员创新积极性发挥了重要作用。

在科研人员的技术服务和成果转化收益方面，根据《关于加快推进科技创新的若干意见》（宁党发〔2013〕37号）规定，科研院所、高校科技人员在职创业的，在完成单位分配任务且经批准的前提下，其非职务科技成果转让、转化、入股的收益归个人所有。企业、科研院所、高校职务发明成果转化所得收益，扣除成本后可按高于60%的比例由研发人员及其团队自主分配，或以股权形式奖励。2016年自治区新出台的《关于深入实施创新驱动发展战略加快推进科技创新的若干意见》（宁党发〔2016〕47号）规定，高校、科研院所和事业单位职务发明成果转化收益、科技成果转化收益，按不低于70%比例归完成人（团队）所有。

调研发现，自治区各高校、科研院所均能结合本单位实际，采取措施对科研人员技术创新服务、成果转化给予奖励。如宁夏农林科学院根据自治区党委政府《关于深化宁夏农林科学院改革，增强创新活力的意见》，制定了本院《科技成果转化收益分配暂行办法》，对科技成果转让所得净收益，60%由课题组自行分配，其中第一完成人所得不低于50%。近三年来，该院在此机制下，先后转让5个枸杞新品种、7个农作物新品种使用权及3项专利技术使用权，签订转让协议和技术服务费1575万元，科研团队获得收益414万元，其中“枸杞蜂花粉片”技术专利，玉米新品种“宁单19号”和向日葵新品种“宁葵杂6号”“NX440”等一大批成果技术实现了有偿转让，极大地调动了广大科技人员参与科技创新、成果转化、技术服务的积极性，形成了干事创业的良好氛围。

二、存在的主要问题

（一）政策体系不完善，尚难以发挥应有的激励作用

一方面，目前宁夏的科研人员创新活动收入激励政策多是参照国家规定和其他省区的普遍做法而制定的，政策的突破性和创新性不足。与上海、广东等发达地区相比，政策劣势明显，难以发挥应有的激励作用。另一方面，宁夏科研人员收入激励措施还缺乏可操作性的实施办法，科研人员收入与岗位职责、工作业绩、实际贡献的联系还不够紧密。特别是在成果转化环节，对成果完成人参与科技成果转化收益分配的激励机制还缺乏明确统一的实施细则，且在具体实施过程中难以监督，许多单位的分配激励方案多是摸着石头过河，尚处于探索阶段，一些细节性问题有待进一步明确。如对于基础研究、社科类研究难以形成市场价值的收入分配制度还需设计完善，担任领导职务的科研人员奖励、科技成果作价入股等还面临着阻碍。

（二）科技经费中人员费开支比例较低，经费管理实行“一刀切”

一方面，作为西部欠发达省区，宁夏财政科技项目单项资助强度较低，可用于绩效支出的经费额度非常有限，与发达地区相比差距较大，在政策执行中科研人员普遍感觉到绩效支出比例过低、审计审核严苛，收入与他们付出的精力不成正比，知识价值难以体现，影响了科研人员的积极性，造成科研工作的短期行为，不利于宁夏科技创新和发展。另一方面，在财务管理和审计检查中，科研院所和高校为便于操作，对横向与纵向课题实行“一刀切”管理，特别是企业委托技术服务课题，主持人对经费自由支配的权限较小，不符合科研和市场规律。

（三）科研人员的成果转化意识不强，积极性不高

高校、科研院所普遍以承担项目级别、发表论文级别和数量、出版专

著部数、获奖成果等级和数量等为科研人员的职称晋升、岗位聘任的评价指标，现行的考核体系与是否开展科技成果转化没有太多的关联，且在利益分配上，没有将科研人员的收入与成果转化收益挂钩，造成科研人员从事科技成果转化推广的积极性不高，缺乏市场推介意识和能力。此外，目前的科研工作尚未形成稳定、长期的产学研合作机制，造成科技成果转化渠道不顺畅。

（四）科技成果转化中介服务体系不健全，成果转化收益难以保障

一方面，由于宁夏知识产权保护、科技成果价值评估等中介服务体系尚不完善，缺乏有效的成果交易对接渠道和平台，加之现有的科技金融、信用担保、科技保险、风险基金等科技成果转化风险保障机制仍不健全，科研单位和科研人员开展科技成果转化的成本和风险很高。多数科技成果在转让交易中，仅根据供需双方协商定价，不仅难以保证产学研各方的合理利益，而且导致一些科技成果在转化过程中易受到仿冒侵权，影响了科研人员的积极性。另一方面，目前区内具有转化价值的科技成果多采取所有权转让方式进行转化，这种方式虽然处置风险较低、便于操作，但仅为一次性收益，不具有长期性，难以体现成果的价值。

三、完善科研人员创新活动收入分配机制的建议

（一）大幅提高财政科技经费中科研人员绩效支出比重

根据中央财政科研项目资金管理等最新政策意见和石泰峰书记在推动实施创新驱动战略座谈会上的讲话精神，进一步修订完善有关科研经费管理办法，借鉴广东和上海等地做法，扩大科研项目直接成本中劳务费支出范围，提高人员经费预算比例，允许在职科研人员领取劳务费和人员激励绩效，作为科研人员学术劳动的合理经济补偿和激励。进一步提高间接费用中绩效支出比例，允许不超过科研项目财政资助总额的20%用于人员绩效支出，对于人力资本投入比重较高的软科学研究，规划、设计、咨询类

研究和软件开发类项目等的人员激励的绩效支出比例可以提高到不超过财政资助总额的50%，对劳务费不设比例限制。

（二）完善科技成果转化收益分配机制

一是要不断提高成果转化收益中人员奖励比例。对高校、科研院所和国有企事业单位职务成果以技术转让或入股方式转化所得的净收益或取得的股权，可按照不高于90%的比例，一次性奖励或授予职务成果完成人及为成果转化做出重要贡献的人员。各单位可自主决定科技成果转化收益分配和奖励方案，并可直接发给个人。二是创新成果转化方式。允许有能力的事业单位人员到企业兼职兼薪，创办科技型企业。支持科研人员通过所有权转让、使用许可、作价入股、税后利润提成、有偿技术服务、实行协议工作或年薪制等多种方式参与收益分配。制定成果转化收益补偿的政策实施细则，增强政策可操作性，使得激励政策落到实处。

（三）放宽对横向课题的管理

产学研结合是促进科技和经济结合，快速体现科研人员劳动价值的一条有效途径。因此，要鼓励科研人员积极承接企业委托的横向课题，帮助企业解决生产实际问题。对于项目承担单位以市场委托方式取得的横向经费，应按照委托方要求或合同约定管理使用，纳入单位财务统一管理，由承担单位和承担人按照服务合同约定支配，科研人员上述收入不受单位绩效工资总量限制。相关部门在对此类项目进行审核检查时，应与政府部门委托的纵向课题区别对待。

（四）加快科研人员收入分配改革

扩大高校和科研院所在编制管理、岗位设置、人员聘用、绩效工资分配等方面自主权。积极实行以增加知识价值为导向的分配政策，针对科研人员岗位特点，统筹自然科学、哲学社会科学等不同科学门类，加大科研人员绩效工资构成比例和额度。对从事科技成果转化、应用技术研究开发的人员，要逐步将收入与科技成果转化相挂钩。构建体现智力劳动价值的薪酬体系和收入增长机制，使科研人员收入与岗位职责、工作业绩、实际贡献紧密联系。重视科研院所和高校中长期的目标考核，建立与考核评价结果挂钩的机构经费拨款制度和单位员工收入调整机制。

（五）加快科技成果转化中介服务体系建设

一是加大资源整合和集聚，构建线上线下相结合的技术转移成果转化公共服务平台，逐步完善成果展示、价值评估、产权交易、咨询服务等功能，培育具有区域和产业特色、符合市场规律的技术交易市场。二是鼓励高新区、经开区、高校、科研院所建设专业化技术转移和成果转化机构，引导协助科研人员开展知识产权保护、科技成果转化以及成果收益分配。

宁夏形成有利于创新发展的体制机制研究

马　琴

创新是一个国家和民族不断向前发展的核心动力，也是当前全球新一轮经济社会发展的重要驱动力量。在经济发展进入新常态的情况下，宁夏传统的发展动力不断减弱，粗放式的经济发展方式难以为继，必须转变经济发展思路，依靠创新驱动打造发展新引擎，培育新的经济增长点。深刻领会党中央、国务院关于创新驱动的战略意图，贯彻落实创新驱动发展战略，形成有利于宁夏创新发展的体制机制，使创新成为引领经济发展的第一动力。

一、宁夏创新发展的现状

由于历史发展原因，宁夏经济社会发展与东部沿海地区存在一定的差距，创新发展能力较弱。研究与实验发展投入强度远远低于全国平均水平，政、产、学、研的协同合作机制没有建立起来。高校和科研院所成果转化率低，科技投入模式单一，科研队伍结构不合理，高层次人才缺乏，导致宁夏高水平、高质量的科研成果较少，原始创新能力较弱。

（一）宁夏研究与发展（R&D）投入呈现逐年稳定增加的趋势

宁夏的 R&D 投入随着 GDP 的增加，呈现逐年增长的趋势，如图 1 所示。虽然 R&D 投入逐年增加，但是增加的幅度以及与 GDP 增长的速度相比，仍然比较低。2015 年宁夏 R&D 投入强度为 0.92%，与全国 2.1%的投入水平相比，还存在一定的差距。

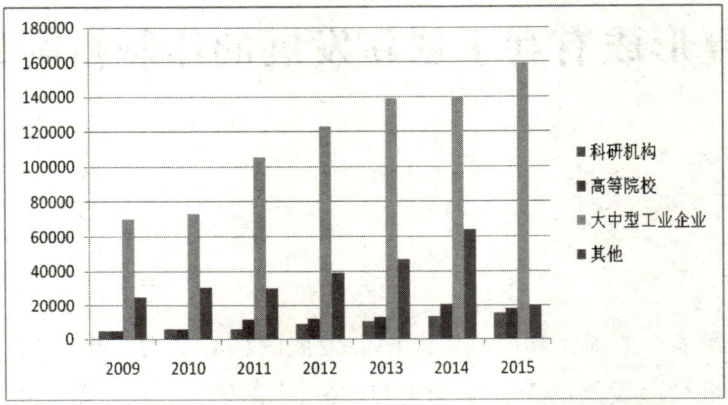

图 1　主要年份研究与发展经费(R&D)内部支出(万元)

注:本图根据《2016 宁夏科技统计年鉴》所绘。

（二）形成了以企业研究与发展（R&D）投入为主体的投入模式

企业已经成为宁夏 R& 投入的主体。宁夏的 R&D 投入主体主要是地方财政拨款、企业、科研机构、高等院校。其中地方财政 R&D 投入的主力主要分布在市级和县级财政，如图 2 所示工业企业已经成为 R&D 投入的主力军，在规上工业企业中，以拥有国家级企业技术中心的企业为研发投入的主力军。但是宁夏企业基本处于产业链发展的中低端，企业经营与研发投入的关联度较低，且规上工业企业从事研发投资的数量较少，对 R&D 投入的整体带动能力较弱。

企业是推动宁夏全社会研发活动的主力。“2015 年，全区各类企业投入 R&D 经费 20.91 亿元，比上年增长 7.9%。其中，规模以上工业企业投入 R&D 经费 20.05 亿元，比上年增长 7.5%；科研机构投入 R&D 经费 1.57 亿元，增长 13.8%；高等院校投入 R&D 经费 1.83 亿元，下降 12.4%；事业

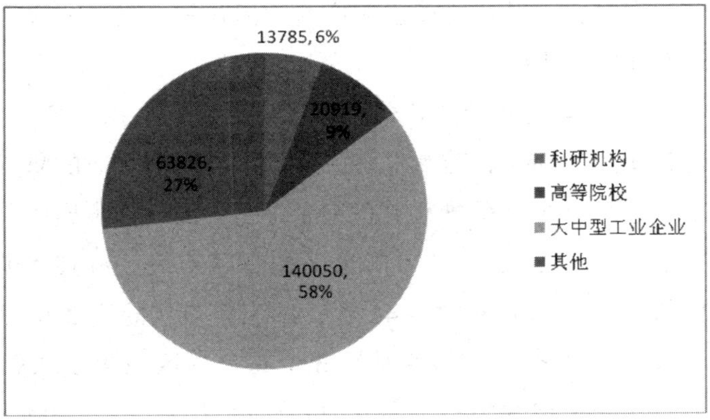

图2 2014年按单位类型分的R&D投入比重（万元、%）

注:本图根据《2015宁夏科技统计年鉴》所绘。

单位投入R&D经费1.17亿元，增长15.8%。”[①]企业资金在各类资金来源中占主导地位，“2015年，全区R&D经费中政府资金5.47亿元，比上年增长1.4%，所占比重为21.5%；企业资金19.6532亿元，增长9.5%，所占比重77.1%，其他资金3606万元，占1.4%，下降29%。”[②]宁夏当前已经形成了企业投入为主体，财政和科研机构为重要补充的R&D投入模式。

（三）人才培养、引进、发展体制机制较为完备

当前，宁夏已经形成了一套人才培养、引进、发展的体制机制，每年有人才专项资金用于人才的引进和培养。形成了急需紧缺人才引进工程、“海外引才百人计划”“国内引才312计划”“海外华侨华人专家引进计划”等人才引进的渠道和模式。宁夏的科技活动人员和R&D人员呈现大幅度增长的态势。2015年，宁夏研究与发展（R&D）人员16133人，其中基础研究人员全时当量1189人年，占宁夏研究与试验发展人员全时当量的12.8%；应用研究人员1476人年，占16.0%；试验发展人员6582人年，占

①②宁夏回族自治区统计局，宁夏回族自治区科学技术厅编:《2016宁夏科技统计年鉴》,2016年12月。

71.2%。[1]宁夏科技人才队伍规模逐年增大，但是领军型人才匮乏仍然是宁夏创新驱动发展的重要瓶颈。

（四）形成了较为完备的科技创新体系

科技创新体系是创新驱动的重要平台。宁夏规上企业的研发投入主要由企业技术中心和企业工程技术中心完成，它们已经初步形成了宁夏研发投入的一个集聚地。2016 年“年末全区拥有国家级工程技术研究中心 3 个，自治区级工程技术研究中心 41 个；国家重点实验室 3 个，省部共建重点实验室 4 个，国家重点培育基地 3 个，自治区级重点实验室 15 个；国家级企业（集团）技术中心（含分中心）14 个，自治区级企业（集团）技术中心 62 个，技术创新中心 167 个。”[2]从各类科技创新平台的数量来看，宁夏国家级的创新主体较少，企业是宁夏创新的中坚力量。其中宁夏大学和宁夏医科大学的国家重点培育基地，由于人才、经费等问题一直处于发展的瓶颈期。

高新技术企业、科技型中小企业总量和产值明显增加。“十二五”以来，全区高新技术产业得到迅速发展。截至 2014 年底，全区高新技术企业总数达到 63 家。全区高新技术企业产值达到 222 亿元，高新技术总产值占规模以上工业企业销售产值比重达到 6.3%。[3]高新技术企业是知识密集和技术密集型企业，它的发展是宁夏科技生态的重要体现，也是宁夏进行自主创新发展的后备力量。

二、宁夏创新发展的体制机制存在的问题

体制机制的完善是创新驱动发展的前提，只有变革束缚创新发展的体制机制，才能激发创新活力，只有改革科技管理体制，才会给科研人员注

①宁夏回族自治区统计局，宁夏回族自治区科学技术厅编:《2016 宁夏科技统计年鉴》,2016 年 12 月。

②数据来源于《宁夏回族自治区 2016 年国民经济和社会发展统计公报》,2017 年 4 月。

③数据为课题组在宁夏科技厅调研所得。

入动力，提高科研人员创新的积极性。宁夏虽然已经形成了较为成熟的科技运行管理体制，但是也存在科技研发投入模式单一、产学研用机制不完善、人才引进培养政策不落地、科研经费管理不灵活等问题。

（一）R&D 投入模式单一

当前宁夏形成了以企业为主体的 R&D 投入模式。主要依靠企业内部支出和财政支出作为研究与试验发展的投入资金，财政投入的杠杆作用发挥较少，且投入方式单一，不能带动更多的社会资金流向研发投入，成为束缚宁夏创新驱动资金投入的一个机制瓶颈。在科技金融方面的发展还没有起步，金融对科技创新的驱动作用没有显现出来，科技债券、基金等发展还没有启动，创新投入的财政杠杆没有发挥出来，创新投入的集聚效应不明显，全社会 R&D 投入的金融资金放大效应几乎没有。以当前的投入模式及全社会 R&D 投入强度不足以支撑到创新型宁夏建设，甚至难以达到全国平均水平。

（二）产学研用机制不完善

宁夏高等院校的科技成果转化能力非常弱。宁夏师范学院的科技成果转化率几乎为零，这与宁夏高等院校缺乏科技成果转化推广体系有关系，也与政府在科技成果转化和推广应用方面对企业和高等院校区别对待的政策有关系。在科技成果转化和推广应用方面，政府有企业技术推广中心、农技推广中心等体系和专项资金，虽然政府和社会赋予了大学“社会服务”的功能，但是缺乏相应的资金和推广转化的人才编制，使得大学科技成果推广和应用的体制机制没有建立起来，导致高等院校科技成果转化率较低。宁夏高等院校的老师们主要从事基础研究，加之教学工作任务繁重，使得高校科技成果登记较少，高水平、高质量的成果不多。高校功能定位没有明确的细化分类，导致高校岗位设置不合理，教学岗和科研岗的分类没有明确，尤其是专门的科研岗位在高校岗位设置中占比较少，从事教学的老师一方面有繁重的教学任务，另一方面还需要做科研，在时间精力有限的情况下，难以产出高水平的科研成果。

宁夏企业在开展科研合作时，选择区外科研机构或高等院校合作的情况较多。宁夏区内的科研院所科技转化率较低，与宁夏企业经营领域关联度不高。特别是宁夏区羊绒产业、奶制品产业、清真食品等方面均没有区内相应的研发机构合作，从而导致区内企业向区外寻求科技合作，不利于本区政、产、学、研的结合。

（三）人才管理、引进模式不够灵活

人才是制约宁夏创新发展的重要因素。当前宁夏高层次人才队伍的规模呈现逐年增加的趋势，与此同时，宁夏紧缺型专业性人才非常匮乏。宁夏地处我国西北欠发达地区，经济社会发展与发达地区存在一定的差异，在人才引进方面地理位置不占优势；与此同时，人才引进后的政策不灵活，譬如在解决家属工作、住房、子女教育等问题上不能给予引进人才一些优惠，与外省的人才政策差距大，导致引进来的人才不能安心工作，发展平台有限，导致人才引进来留不住。这是宁夏人才引进方面存在的两个比较突出的问题。

在已有的人才队伍中，缺乏一批学贯中西的拔尖创新人才，几乎没有“两院” 院士和“长江学者”等学术领军人物。高层次人才队伍国际性程度不高，学术梯队不健全，导致科技原创能力不强，产生重大影响的科研成果的数量不多。因地域的制约，宁夏中青年人才和中东部地区同台竞技处于劣势，难以脱颖而出。

目前，高校办学自主权有限，尤其是缺乏自主设定科研岗位、自主聘用科研人员以及职称评定自主权。科技人才评价主要以论文数量和质量、项目和经费数量以及专利数量等为主，教师的教学和科研任务无法分解，使教师的科研活动主要集中于职称评审，未能建立文理科分开、教学科研分类等模式，忽视了科技支撑教学和创新人才培养的重要导向。

（四）科技服务业基础和科技服务能力薄弱

宁夏促进科技发展的服务机构和机制滞后于经济社会发展的需要。国家级及自治区级科技企业孵化器的数量较少，国家级示范生产力促进中心数量也较少。当前全区还没有一家技术交易中心，技术服务经济的意识淡薄。银川市是宁夏创新驱动的集聚地，但是，目前银川市只有 8 家国家级及自治区级科技企业孵化器，2 家国家级示范生产力促进中心，全区科技服务业发展缓慢，科技服务业和科技服务机构规模实力不强，科技创新服务能力有限，这与宁夏发展创新型省份的需求严重不符合。宁夏原始创新能力较弱，在创新驱动发展中，应该重点进行引进、吸收、再消化的集成创新，大力提升科技服务能力。

（五）科研经费管理制度不完善

国家现行的财经制度与科研项目经费支出的界定不清晰、不统一，且科研、财务、审计难以协同。同时，科研经费实行直接经费和间接经费管理模式，但在实施过程中，科研人员缺乏自主权，劳动付出多少与回报不成正比，出现“只养老鼠不养人”的局面。尤其是劳务费支出中，不包含有工资的科研人员，导致做科研与不做科研的收入一样，不能有效调动科研人员申请项目的积极性，科研生态脆弱，难以产出高水平的研究成果。科技项目的顶层设计、统筹协调、分类资助方式还不够有力，问题导向还不明确，重点不够突出，围绕产业链创新以及基础研究、应用研究及成果转化三个层面的项目设置衔接不紧密，存在资源配置“碎片化”问题，不能完全适应创新发展的要求。现行的农业科研项目执行周期短，仅 2~3 年，不符合农业研究工作及生产的实际需求，且申报繁琐，尤其在种质资源收集保存、动植物育种及栽培养殖、生态建设与保护等基础性项目缺乏长期稳定的支持。

重点实验室、工程技术中心和创新团队是科技创新活动的重要平台，目前创新平台没有稳定足额的经费支持，重大科研项目设置与创新平台的建设不相匹配，科技创新平台聚集科技资源的功能体现不够，支撑引领产业发展的作用还没有充分发挥。

科研经费支出不合理，不能有效调动科研人员的科研积极性。用管行政人员的办法管理科研人员，对科研经费的支出管理过于死板，不利于科研人员从事研究。不同的学科管理方式一样，自然科学与人文社科类的科研经费管理模式没有细化分类，做科研与不做科研的收入没有实质性的差别，劳动付出与报酬严重脱节，导致科研人员从事科研的积极性不高。劳务费支出比例过低，使得科研人员的劳动付出没有合理的报酬，从一定程度上打压了科研工作者申请项目进行科研的积极性。

三、构建有利于创新驱动的体制机制

体制机制创新是创新驱动发展的制度保障，也是建设创新型宁夏的重要举措。技术创新和制度变革是当今社会经济发展的主要驱动力量，其中体制机制创新是创新驱动的必要条件。“十三五”时期是宁夏转变经济发展方式，全面建成小康社会的重要时期，宁夏地处我国西北欠发达地区，经济社会发展与我国东部沿海城市存在一定的差距。在新一轮的经济发展中，宁夏应该把握技术与制度创新的先机，以“一带一路”发展为契机，建设创新型社会，改变传统的经济发展模式，依靠创新驱动打造发展新引擎，培育新的经济增长点。

（一）改革创新治理体系

顺应国家创新治理体系和治理能力现代化趋势，同步推进自治区创新治理体系改革。建立公开统一的自治区科技管理平台，构建决策、咨询、执行、评价、监管等各环节职责清晰、协调衔接的新型管理体系。充分发挥行业主管部门在创新需求凝练、任务组织实施、成果推广应用等方面的作用，形成统筹协调与决策机制。转变政府管理职能，重点支持市场不能有效配置资源的公共科技活动，并以普惠性政策和引导性为主的方式支持企业技术创新活动和成果转化。

打破条块分割科研管理模式，自治区出台配套管理政策。在科学研究、设备购置、试剂采购、出国培训等方面赋予科研人员更大的人、财、物支配权和技术路线决定权。出台鼓励从事基础研究人员的补偿办法，如减免基础研究生学费，并给予其一定的生活补偿，稳定基础研究队伍和研究梯队。区别对待科研单位管理人员与普通行政管理人员，不用管理行政人员的办法管理教学科研人员，完善成果转化的市场体系和服务体系，探索股权期权分红，提高科研人员成果转化收益分享比例。切实提高科技人员待遇，增强从事科研的积极性。出台制定符合科研规律、有利于调动科研人员积极性的财政科研经费管理政策，如，简化预算编制，增大间接费用和人力资源费比例，充分下放科研经费支出管理权，科研经费结余由科研项目依托单位统筹、继续用于相关研究等。

在人事、编制等制度上松绑，允许用人单位利用自身成果转化的收益在劳动法框架内，外聘专业技术人员，允许按规定在项目劳务费中开支“五险一金”；进一步放宽对科研机构在人员招聘，岗位设置、职称评聘等方面的限制。要给科研院所开展科研创新更大的自主权，调整符合农业科研规律的经费支出；后补助资金项目赋予项目单位自主独立决策、科学有效管理和使用，由承担单位自主用于研发活动。

（二）创新政府科技投入方式

加快建立以财政拨款、企业投入、金融贷款、社会资金投入相结合的多渠道、多层次的科技投入体系，逐步提高全区科技经费投入的总体水平。按照《宁夏回族自治区实施〈中华人民共和国科学技术进步法〉办法》中关于加强政府科技创新投入力度的规定，加快建立“定标准，定责任，入预算”的财政科技投入稳定增长长效机制。

县级以上人民政府应当将科技经费投入作为财政预算保障的重点，科技经费投入的增长幅度，应当高于本级财政经常性收入的增长幅度。自治区重点建设项目经费、农业综合开发项目经费、农林牧及水利专项资金、财政扶贫资金等，应当安排不少于5%的资金，用于相应的科技研究开发与示范。

自治区财政支出预算，每年列出专项经费，用于科技贷款贴息、新产品开发、科技成果奖励、科技普及、高层次科技创新型人才引进和培养、以及科技活动的其他专项开支等。自治区财政、科技、统计等部门进一步完善科技经费投入的统计、监督制度。

充分发挥财政资金的杠杆作用，探索建立科技成果转化引导基金、创业投资基金等科技金融投资方式，逐步形成创业投资、风险补偿、费用补贴、资本金注入等多种财政科技经费使用方式。鼓励创新投贷结合方式，探索银行业与创投机构之间多渠道融资和综合性金融服务模式。加快引导区内外创业风险投资机构对区内科技型中小企业、初创企业开展股权投资，探索设立科技担保公司、科技小额贷款公司。

发展科技保险。鼓励保险公司开展科技保险业务，建立科技保险理赔绿色通道，做好科技保险服务，实施科技保险有关支持政策，探索保险资金支持科技发展新方式，加快培育和完善科技保险市场。

（三）全方位推进科技交流合作

继续加强与发达国家的科技交流与合作。积极拓展与发达国家和科技强国的合作，在国家重点（工程）实验室、工程（技术）研究中心、企业技术中心等各类科技创新平台建设上加强合作，建设产业化示范基地、科技转化服务示范基地和科技创新改革试验区。加强与欧美国家企业间的合作，开展关键核心技术、工艺等领域的科技合作，完善产业链。引进、消化、吸收再创新一批宁夏急需的欧美、日韩等科技强国的先进技术及设备，提高宁夏装备制造的技术水平。

结合“一带一路”沿线国家发展需求，全力打造发展理念相通、要素流动畅通、科技设施联通、创新链条融通、人员交流顺通的创新共同体。

立足中阿博览会平台，加快中国—阿拉伯国家技术转移中心建设，共建共享中阿研究院，共建联合实验室、工程（技术)研究中心、信息交流平台、科技示范园区、技术示范推广基地、技术转移中心、数据共享平台，全方位推动中阿科技和人才交流合作。积极推进中阿国家技术转移中心各国分中心及协作网络的建设，扩大先进适用科技成果“走出去”与非洲、中亚的科技合作。围绕农业物联网、无醇葡萄饮品、清真肉制品、节水农业、马铃薯种苗培育及病虫害综合防治、卫星导航、新能源等重点领域组织实施一批中阿科技合作项目。

（四）完善实出创新导向的评价制度

加快完善自治区科技评价和奖励制度。制定导向明确、激励约束并重的评价标准和办法，注重科技创新质量和实际贡献，在科技人员身份转化、科技成果处置权和收益权改革、科研投入体制调整等方面赋予更大的探索空间：一是制定针对基础研究活动激励约束并重的评价办法，主要采用同行专家评价、成果质量评估等方式，侧重体现研究成果的原创价值和创新性。二是制定针对应用研究活动激励约束并重的评价办法，主要采用企业评价和第三方评价，侧重体现技术先进性和实用性。三是制定产业化开发研究活动激励约束并重的评价办法。积极开展企业股权激励、专项产品利润分成、项目承包责任等激励机制试点，鼓励科技人员领办创办科技型企业。

（五）深入实施国家知识产权战略

进一步提升专利申请质量，充分发挥专利制度激励和保护创新的作用，支撑创新驱动发展。以专利信息资源利用和专利分析为基础，把专利运用嵌入产业技术创新、产品创新、组织创新和商业模式创新，引导和支撑产业科学发展的探索性工作。通过探索建立专利信息分析与产业运行决策深度融合、专利创造与产业创新能力高度匹配、专利布局对产业竞争地位保障有力、专利价值实现对产业运行效益支撑有效的工作机制，推动重点产业的专利协同运用，培育形成专利导航产业发展新模式。

（六）完善科技成果转化技术转移后补助政策

设立技术转移专项补助资金，对技术转移服务机构以后补助的形式，优先给予项目资金支持；对促成科技成果转化的科技中介机构、技术经纪人按照技术成交额给予一定比例的补助；对在宁夏技术转移科技成果转化公共服务平台挂牌交易的科技成果，按交易额的一定比例给予补助。

（七）完善科技创新激励机制

建立个人股权激励机制，鼓励各类企业通过股权、期权、分红等激励方式，调动科研人员创新积极性。提高科研人员成果转化收益比例。高等院校、科研机构科研人员职务发明成果在自治区内转化所获净收益（或成果形成股权、股权收益），以不低于70%的比例奖励给成果完成人（团队）和为科技成果转化做出重要贡献的人员，奖励比例上不封顶。允许高等院校、科研机构用非政府科技项目结余经费在自治区出资入股或增资入股，其所获股权或股权收益的70%奖励给项目负责人或团队。鼓励国有科技型企业建立科研人员激励机制，对职务发明成果发明人给予股权和分红激励。

（八）加大高层次创新人才培养，推进职称制度改革

大力实施自治区院士后备人才培养计划、青年拔尖人才培养工程。深入实施急需紧缺人才引进工程，推进“海外引才百人计划”“国内引才312计划”，深入实施“海外华侨华人专家引进计划”，引进一批急需紧缺高层次人才。深入实施专业技术人才素质提升工程，建设一批国家级、自治区级专业技术人员继续教育基地，开发专业技术人员继续教育在线学习平台，培训高层次急需紧缺和骨干专业技术人才。大力实施“新技师培训计划”，培养和造就一批高技能领军人才。出台宁夏人才引进政策的配套细化落实方案，促进宁夏人才专项计划政策落地。

鼓励企业引进带项目、带技术的高层次人才，对于引进的创新型人才

给予生活补助和一次性购房补助。鼓励企业与高校、科研机构相互之间联合组建人才培养基地，形成产学研协同创新体系，引导推动人才培养链与产业链、创新链有机衔接。支持企业创建国家级和自治区级“技能大师工作室”，支持企业设立院士工作站、博士后科研工作站（流动站）、专业工作室、专家服务基地，吸引人才开展科技咨询、技术攻关、科学研究。鼓励各类企业通过股权、期权、分红等激励方式，调动科研人员创新积极性。探索建立企业首席技师制度，完善高技能人才带头人制度，建立岗位使用制度。

完善分类分层职称评价标准体系和职称评审机制，加大职称政策向科技创新人才、企业人才和乡镇基层一线的倾斜力度。加快推动科技人员职称评聘改革，提升专利、著作等知识产权、创新产品在职称评聘中的权重；对获得国家或省部级科技奖励、主导国内外技术标准等做出突出贡献的科技创新人才，可破格评定为高级职称；对于具有科技发明成果且被权威部门认可，并得到转化为市场认可的发明人，或获得科技进步奖的发明人，在职称评定时，放宽其学历、资历要求，免于外语、计算机等项考试。研究落实企业人才申报评定高、中级职称不受单位所有制、岗位和评审通过率限制。

附　录

宁夏回族自治区党委、人民政府
关于推进创新驱动战略的实施意见

（2017 年 9 月 26 日）

为落实习近平总书记“越是欠发达地区，越需要实施创新驱动发展战略”的重要指示，将宁夏第十二次党代会确定的创新驱动战略目标任务落到实处，构建以产业创新为基础，以科技创新为核心，以开放创新为引领，以人才创新为支撑的区域特色创新发展格局，打造风生水起创新生态，增强内生发展动力，将我区建成西部地区转型发展先行区，现提出如下实施意见。

一、坚持以创新加快产业转型升级

立足产业优势，聚焦产业转型，加快推进供给侧结构性改革，坚持有所为有所不为，促进经济提质增效，实现存量优化升级和增量崛起壮大，增强产业核心竞争力，推动我区产业迈向中高端。

（一）加速提升传统产业

加快用新技术、新工艺、新设备改造提升煤炭、电力、有色、机械、建材等传统行业，再造传统产业新优势。实施新一轮技术改造，力争 3 年内完成规上工业行业对标升级，对达到国内行业标杆企业水平的，给予最高不超过 200 万元奖励。整合设立 2 亿元技改综合奖补资金。对重

点技改项目予以扶持，重点支持现代煤化工、轻纺、冶金等行业开发高端产品，延伸产业链，提高附加值。对自治区认定的“专精特新”示范企业给予30万元奖励。（责任单位：自治区经济和信息化委、非公经济服务局、财政厅）

（二）做优特色产业品牌

大力推广高效节水、农机农艺融合、草牧一体、盐碱地改良等先进适用农业技术，提升良种化、规模化、标准化和集约化水平。在优质粮食、草畜、瓜菜、枸杞、酿酒葡萄等特色农产品领域，组织实施一批重点产业化项目，对列入自治区重点攻关和培育计划的给予专项补贴，对重大关键共性技术提高补贴标准。发挥原产地品种品质优势，创新农产品营销模式，提升枸杞、滩羊、甘草、硒砂瓜、马铃薯和葡萄酒等特色品牌影响力。（责任单位：自治区农牧厅、科技厅、林业厅、水利厅、商务厅、葡萄产业发展局）

（三）着力培育新兴产业

统筹信息化资金，加快大数据、军民融合产业发展，对落户宁夏的云计算、大数据、军民融合企业，3年内给予专项资金支持。大力支持新能源、新材料、新一代信息技术、先进装备制造、生物医药等战略新兴产业集群发展，通过自主创新、合作开发，力争在能源转化、智能设备集成、稀有金属深度应用、生物萃取和发酵等关键技术上实现新突破。对进入国家和自治区级制造业行业领先示范企业的分别给予400万元、200万元奖励。加快“两化”深度融合，推进技术创新和管理创新，对国家“两化”融合贯标试点企业给予20万元资金支持。对获批国家、自治区互联网+制造业试点示范的项目按投资额给予20%的资金支持。对获批自治区智能工厂、数字化车间的企业按照设备投资额给予10%、最高不超过300万元补助。（责任单位：自治区经济和信息化委、发展改革委、财政厅、科技厅、信建办、卫生计生委、食品药监局）

(四) 提档发展现代服务业

运用新业态新模式新手段，嫁接全域旅游、现代金融、电子商务、现代物流、会展博览、健康养老等产业。开展美丽田园综合体建设试点，探索“农业 + 文化 + 旅游 + 地产”发展模式，推动农林牧渔与休闲观光、体验消费深度融合，激活服务业发展潜力。积极发展研究设计、技术转移、科技咨询、文化创意等生产性服务业。用好服务业引导资金，采用先建后补、贷款贴息等方式，促进服务业扩大规模、提档升级。吸引以“互联网+”为支撑的平台经济、分享经济来宁发展，对符合条件的网上交易、社交和电子竞技等平台类企业，自正式营业起连续 3 年给予运营费 20%、每年不超过 200 万元的支持。对采用分享创新资源、生产能力、生活服务等服务模式企业，可以创新券形式给予补贴。(责任单位：自治区发展改革委、经济和信息化委、农牧厅、财政厅、民政厅、文化厅、商务厅、住房城乡建设厅、旅游发展委、工商局，各市县区)

(五) 打造多层次“双创”载体

大力发展众创空间，鼓励高校、企业、园区、科研院所建设创业孵化基地和创业园区，降低大众创业创新门槛，助力实体经济创新成长。对创建为国家和自治区级双创示范基地的，分别给予 1000 万元和 500 万元支持。对获批国家和自治区级企业“双创”平台（小微企业创业创新示范基地）的，分别给予 200 万元和 100 万元奖励。对认定为国家级科技企业孵化器或国家级众创空间的，分别给予 100 万元、50 万元支持；对认定为自治区级的分别给予 50 万元、30 万元支持。对达到国家和自治区创业孵化示范基地建设标准的，一次性奖补 100 万元。(责任单位：自治区发展改革委、经济和信息化委、科技厅、人力资源和社会保障厅、财政厅、非公经济服务局，各市县区)

(六) 鼓励企业应用首台套设备

对我区企业生产的经国家认定的首台（套）重大技术装备，单台

（套）产品或关键零部件按照产品销售额5%、最高500万元给予奖励。对宁夏企业生产的列入国家首台（套）重大技术装备的，在国家补贴80%保费基础上，剩余20%由自治区补贴；对自治区认定的首台（套）设备给予50%保费补贴，期限不超过3年。（责任单位：自治区经济和信息化委、科技厅、财政厅）

二、坚持以企业为主体增强创新发展能力

鼓励企业加大创新投入，引导各类创新资源向企业聚集，通过产学研协同创新，引进消化吸收再创新、实用技术创新和创新成果转化应用，加速科技投入成果化、科研成果效益化。

（七）引导企业加大创新投入

鼓励规上工业企业建立研发准备金制度，对符合加计扣除条件的简化办理流程。规上工业企业研发投入占主营业务收入达到3%的，按其新增研发投入的10%、最高不超过500万元给予支持。对通过自治区新产品鉴定的，每项一次性给予5万~20万元奖励。发挥企业科技后补助资金作用。建立科技创新券制度，由市县政府以购买服务方式支持中小微企业开展创新活动，企业和高层次人才一年内申领创新券额度不超过20万元和5万元。强化创新导向的国有企业考核与激励机制，提高国有企业创新考核权重，对国有企业技术研发投入在考核时视同利润。（责任单位：自治区科技厅、财政厅、经济和信息化委、发展改革委、国资委、国税局、地税局、非公经济服务局，各市县区）

（八）大力培育科技型企业

实施“科技型小巨人”企业培育计划，对企业在一个纳税年度内技术转让所得不超过500万元的部分免征企业所得税，超过部分减半征收。对区外科技型企业、创新团队和技术成果持有人，来宁设立科技型企业的，落地后即认定为自治区科技型中小企业，对符合西部大开发税收优惠政策

的，除减按15%税率征收企业所得税外，从其取得第一笔生产经营收入所属纳税年度起，第1年至第3年免征企业所得税地方分享部分，第4年至第6年减半征收企业所得税地方分享部分；同时对企业自用土地的城镇土地使用税和自用房产的房产税实行“三免三减半”优惠，正常运营1年后即推荐申报国家科技型中小企业或国家高新技术企业。建立高新技术企业培育库，对国家高新技术企业来宁设立法人企业，给予50万元研发资金支持，成立期满1年后推荐申报国家高新技术企业；对整体迁入宁夏的视同首次认定，给予100万元支持。对各地引进国家高新技术企业、国家科技型中小企业和省级高新技术企业，分别按其投资额的4倍、3倍和2倍计算招商引资任务额度。（责任单位：自治区科技厅、发展改革委、经济和信息化委、商务厅、财政厅、国税局、地税局）

（九）支持产学研协同创新

坚持需求导向和产业化方向，探索多形式协同创新模式，深化产学研、大中小企业配套协作，促进产业链和创新链深度融合，在精细化工、3D打印、智能制造、精密仪器、高端轴承等领域实现新突破。支持宁夏企业、科研院所、高校等与区外科研力量，紧盯产业和市场前沿，开展定向研发、联合攻关，凡列入自治区重点研发计划的，在预算控制总额内，给予研发投入30%以内的支持；对突破重大关键技术、形成较大产业规模的优先给予支持。鼓励企业与高校、科研院所联合建立产业协同创新中心，支持创建国家和自治区级制造业（产业）创新中心，获批后分别给予1000万元、500万元奖励。（责任单位：自治区科技厅、经济和信息化委、教育厅、财政厅）

（十）加快科技成果转移转化

完善科技成果转移转化服务体系，建设线上线下相结合的技术交易平台，培育技术交易中介机构和技术经纪人队伍。允许高校、科研院所以协议方式确定科技成果交易价格和作价入股比例。对高校、科研院所职务科研成果实现转化的，将不低于80%的转化收益奖励给成果完成人和做出贡献人员。职务科研成果逾期 1 年未实施转化的，资助机构或政府有关部门可授权第三方或他人实施成果转化，研发团队或完成人拥有转化收益优先处置权。（责任单位：自治区科技厅、人力资源和社会保障厅、教育厅、财政厅、质监局、工商局）

（十一）主动与区外孵化器对接

积极与发达地区各类孵化器开展合作，引导区外孵化器将优秀毕业企业推荐来宁发展，根据落地企业当年经营情况，按每家企业 10 万 ~50 万元给予孵化器奖励。鼓励在区外建立楼宇型孵化器，对孵化成果回宁落地转化的，评估后每个项目可给予 10 万 ~50 万元支持。（责任单位：各市县区，自治区科技厅、非公经济服务局、商务厅）

三、坚持以开放汇聚创新发展力量

主动融入国家创新体系，“走出去”和“请进来”并举，加强与发达地区的创新联动，汇聚国内外创新要素，不断增加宁夏创新力量，全面提升创新发展水平。

（十二）建立东西合作共赢机制

发挥“科技支宁”机制作用，按照“市场主导、政府引导、互惠互利、合作共赢”原则，深化与国家部委和东部地区科技合作，推进与东部地区科技、教育、人才等创新资源交流互动，实现信息共享、经验互鉴、相互促进。设立东西合作创新专项资金，重点支持东西部联合攻关、人才培养、成果转化、平台建设等合作项目。定期召开“科技支宁”东西部合作推进会，发布合作目录和合作成果，实现东西部科技合作机制化、常态化。（责任单位：自治区科技厅、发展改革委、经济信息化委、教育厅、人力资源和社会保障厅）

（十三）建设创新发展先导区

以沿黄科技创新改革试验区和现代农业科技创新示范区为载体，统筹推进科技创新、制度创新、产业创新，统一规划，先行先试，加快构建开放型区域创新体系，建设企业育成体系、人才支撑体系、创新平台体系、公共服务体系。从2018年起，自治区每年统筹安排2亿元用于沿黄科技创新改革试验区建设，统筹安排1亿元用于现代农业科技创新示范区建设。（责任单位：自治区科技厅、财政厅、经济和信息化委、农牧厅、林业厅、人力资源和社会保障厅、气象局）

（十四）推进东西部共建创新园区

吸引东部地区国家自主创新示范区、国家高新技术产业开发区、国家农业科技园区、国家大学科技园等国家级园区，来宁合作共建创新型园区。双方可设立股份公司，负责园区规划建设和运行，执行招商引资优惠政策。设立园区的，提供开发用地和基础条件，可独立或共同负责园区运营管理，建成项目的产值、税收等经济指标划分由双方协商。（责任单位：自治区科技厅、农牧厅、发展改革委、经济和信息化委、国土资源厅、商务厅、统计局，各市县区）

（十五）积极引进各类创新平台

吸引国家级科研机构、一流大学和创新实力强的大型企业来宁设立分院分所、产业技术研究院、技术转移中心等研发和成果转化机构。设立整建制机构给予投资总额30%、最高不超过2000万元支持，设立分支机构给予投资总额30%、最高不超过500万元支持。对世界500强和国内100强企业来宁设立独立法人研发机构并开展研发活动的，采取“一事一议”给予更大支持。对与宁夏联合共建重点实验室、工程研究中心、技术创新中心、企业技术中心、临床医学研究中心的，列入基础条件建设和人才支持计划，按照新增投资额30%、最高不超过1000万元给予支持。（责任单位：自治区科技厅、发展改革委、经济和信息化委、财政厅、卫生计生委、气象局）

（十六）加强国际创新交流合作

重点加强与欧美日韩和以色列等国家创新交流和产业合作，在有条件的地市建立国家级国际科技合作基地。依托中阿博览会等平台，共建中阿技术转移中心、创新中心、合作科技园等，推动宁夏成为面向“一带一路”沿线国家的区域性创新和技术交流中心。（责任单位：自治区科技厅、发展改革委、经济和信息化委、农牧厅、商务厅）

四、坚持以人才培养使用支撑创新发展

深入实施人才强区工程，坚持不求所在、不求所有、但求所用，采取更加灵活的措施，引进与培养同步，高精尖缺人才与实用技能人才并重，激发人才创新创造活力，着力打造引得进、稳得住、用得好的西部人才高地。

（十七）大力引进高精尖缺人才

突出需求导向，加快引进重点产业、重点领域创新型领军人才和创新团队。建立和完善高层次人才优待制度，落实生活补助、购房补助、医疗便利、科研启动经费，协调配偶子女随调随迁、安置就业和优先入学等，对带人才、带项目、带技术来宁创新创业的，纳入科技金融项目贷款贴息。建设高层次人才公寓，为引进人才提供周转住房。对自治区人民政府、国家各部委颁发给高层次人才的奖金免征个人所得税。对全日制博士、重点院校和重点学科毕业的硕士到地方企业工作、缴纳社会保险的，按月分别给予 5000 元、3000 元补贴，到地方事业单位工作按月分别给予 4000 元、2000 元补贴，可连续补贴 5 年。吸引海外留学回国人员来宁创新创业，视情况给予 10 万 ~50 万元项目资助。（责任单位：自治区党委组织部、人力资源和社会保障厅、科技厅、财政厅、地税局）

（十八）着力培养创新创造人才

加大院士后备人选选拔培养和领军人才培养力度，对入选院士后备人才、领军人才的分别给予 500 万元、50 万元专项资助，力争在入选两院院士、国家重大人才项目等方面实现突破。加快培养青年拔尖人才，择优选

送青年人才到国内外知名院校、研究机构访学研修。大力培养实用型技能人才，推动产教融合、校企联合，为重点领域和特色产业培养一大批能工巧匠。大力培养创新型企业家，增强企业家培育和市场化选聘力度，着力营造企业家健康成长环境，弘扬优秀企业家精神，更好发挥企业家在创新发展中的重要作用。（责任单位：自治区党委组织部、人力资源和社会保障厅、科技厅、发展改革委、经济和信息化委、教育厅、国资委）

（十九）激发人才创新创造活力

支持各类人才领衔承担国家和自治区重大项目，对获得国家最高科学技术奖的，奖励500万元；对获得国家科技进步特等奖、一、二等奖的，分别奖励100万元、30万元、20万元；对获得国家技术发明一、二等奖的，分别奖励30万元、20万元。提高自治区政府特殊津贴标准。创新人才评价使用机制，对承担或参与自治区重点项目、重点学科建设并做出突出贡献的优秀骨干人才，可直接参评副高级以上专业技术职称，并参与单位相应岗位竞聘。允许国有企业和事业单位对做出突出贡献的科技人才进行激励性奖励，不计入绩效工资总额。鼓励企业对科技人员实施股权、期权和分红激励。（责任单位：自治区人力资源和社会保障厅、科技厅、经济和信息化委、财政厅、教育厅、农牧厅、卫生计生委、国资委）

（二十）畅通人才双向流动渠道

推行双师流动兼职制度，支持企业工程师兼职当教师、教师兼职当工程师。高校、科研院所等机构科研人员经所在单位同意，可在科技型企业兼职并按规定获得报酬，也可带科研项目和成果离岗创业。加大柔性引才力度，鼓励高层次人才向企业流动，对到企业工作或创办企业的，其引才生活补助、科研启动资金额度上浮30%。高校、区属科研院所设立5%的流动岗位，吸引具有创新实践经验的企业家、科研人员兼职。允许高校、科研院所设立流动岗位，采取年薪制、协议工资制、项目工资等灵活多样形式聘用高层次或紧缺人才。（责任单位：自治区教育厅、人力资源和社

会保障厅、编办、财政厅、科技厅)

(二十一) 健全人才服务配套制度

鼓励知名人力资源服务机构、猎头公司入驻宁夏,给予房租、运行费等补贴;支持人力资源服务机构开展人才服务外包、高端人才寻访、人才测评等专业化服务。对引进人才做出突出贡献的机构和个人给予1万~10万元奖励。对来宁开展社会实践一个月以上的重点大学在读硕士、博士研究生协调安排锻炼岗位,享受自治区高校毕业生实习见习补贴政策。(责任单位:自治区人力资源和社会保障厅、教育厅、科协、财政厅)

(二十二) 优化人才管理方式

探索高校人员总量管理,允许高校和区属科研院所在经费总额包干前提下,自主设置岗位、自主公开招聘、自主绩效分配、自主评聘专业技术职务的用人模式。赋予高校、科研院所科研项目负责人更大自主权,自主决定研究线路、团队选配、劳务收入分配。对事业单位编制内引进核心专业技术岗位的急需紧缺高层次人才,可自主公开招聘。建立事业单位编制统筹使用制度,对高校、科研院所、公立医院等实行备案制管理。(责任单位:自治区党委组织部、编办、人力资源和社会保障厅、科技厅、教育厅、卫生计生委)

(二十三) 创建双一流大学

支持宁夏大学创建西部一流大学,支持相关高校面向特色产业和重点领域建设一流学科。深化高校创新创业教育改革,完善人才培养质量保障体系,打造高水平大学科技园和创新创业基地。试行弹性学制,放宽学生修业年限,允许全日制在校学生保留学籍休学创新创业。探索高校院(系)负责人选聘制,在学校内部推进全员岗位聘用、聘期考核管理制度。(责任单位:自治区教育厅、党委组织部、人力资源和社会保障厅、相关高校)

五、坚持以机制改革营造创新生态

深化体制机制改革，创新财政资金支持方式，发挥财政资金“四两拨千斤”作用，强化市场功能，带动社会和民间资本投入，充分调动各方面参与创新的积极性，汇聚创新创造合力，形成创新氛围日益深厚、创新潜能持续激发的创新生态。

（二十四）深化科研管理体制改革

以“放管服”改革为重点，逐步建立专业机构管理项目机制。完善科技项目绩效评价和科技报告制度，探索建立科研项目尽职免责制度，扩大专业评价机构参与度。建立相对宽松的科研经费管理机制。优化改进科技计划管理流程，减少对科研项目的直接干预。改革完善科技奖励制度，注重科技创新质量和成果转移转化效益，增强科技奖励的导向作用。（责任单位：自治区科技厅、教育厅、财政厅）

（二十五）加大财政资金投入

建立稳定支持创新的财政投入增长机制，从2018年起，全区各级财政R&D经费投入年增长速度30%以上，带动全社会R&D投入强度达到2%以上。加大财政资金整合力度，加强部门间、政策间的资金统筹协调。优化科技支出结构，调高试验和发展支出比例，适度增加费用性支出、技术人员支出规模。创新项目联审联评机制，同一申报单位、同一项目（事项）不得重复叠加享受补贴和奖励等支持性政策，最大限度发挥财政资金效益。对不认真审核把关，造成财政资金浪费的，要予以问责和追责。（责任单位：自治区财政厅、发展改革委、经济和信息化委、科技厅、人力资源和社会保障厅，各市县区）

（二十六）创新金融支持方式

设立3亿元科技创新投资基金，通过直接投资、社会资本参股等方式，扶持种子期、孵化期、初创期、成长期科技型企业。整合设立1亿元科技创新与高层次人才创新创业担保基金，促进担保机构、商业银行共同支持科技型企业研发、高层次人才研发、新设备采购、新技术开发项目融资。实施“引金入宁”计划，培育多层次资本市场，对区外投资机构来宁开展天使投资和创业投资，按照一定比例给予风险补偿。推广贷款、保险、财政风险补偿捆绑的专利权质押融资服务，支持创新型中小微企业以从关联企业获得的应收账款为质押进行融资。（责任单位：自治区财政厅、发展改革委、科技厅、人力资源和社会保障厅、金融工作局、人行银川中心支行、宁夏银监局、宁夏保监局）

（二十七）加强知识产权运用和保护

研究制定科技人员创新探索保护政策，维护科技人员合法权益，尊重科技人员探索价值。建立专利、商标、版权集中高效的知识产权管理体制，加大知识产权行政和司法保护力度，完善知识产权侵权查处机制。加强知识产权贯标工作，对通过国家标准体系认证的企业一次性支持 15 万元。优化专利申请资助政策，重点资助发明专利的授权、PCT 国际专利申请，对获得授权的高价值的发明专利，每件可给予 5 万元以内奖励。对成功注册地理标志商标、马德里商标和认定为中国驰名商标、宁夏名牌产品的给予一定奖励。（责任单位：自治区科技厅、工商局、质监局、高级法院）

（二十八）构建区域创新发展新格局

加快新型城镇化进程，推广智能和装配式建筑，统筹推进城乡基础设施、公共服务一体化建设，打造美丽宜居环境。建设创新型市县（区）和创新型乡镇。每个市县（区）集中打造一个特色产业园区，发挥示范引领和辐射带动作用。加快工业园区低成本化改造，推进产业耦合发展、循环发展、绿色发展。深化水权转换改革，鼓励工业园区和企业利用中水、矿井水，应用先进工艺实现水的重复使用和循环利用。提升国家和自治区高新区、开发区、农业科技园区引领创新、聚合发展的能力。（责任单位：自治区发展改革委、经济和信息化委、住房和城乡建设厅、国土资源厅、

环境保护厅、水利厅、科技厅，各市县区）

（二十九）营造浓厚创新氛围

在每年“世界创新日”（4月21日）所在周，开展“创新宣传周”活动，加强对重大科技创新成果、创新创业典型（机构和个人）的表彰宣传，积极营造勇于探索、鼓励创新、宽容失败的文化和社会氛围，使创新创造成为一种价值取向、生活方式和时代标志。强化党员干部创新理念和创新思维，提高推进创新驱动发展的能力。深入实施全民科学素质行动计划，广泛开展群众性科技创新活动，激发全社会创新创业热情，鼓励各方面开展全方位多层次创新，使宁夏成为创新创业创造的热土。（责任单位：自治区党委宣传部、科技厅、人力资源和社会保障厅、科协，各市县区）

（三十）加强组织领导

加强党对创新驱动工作的领导，党政一把手要将创新驱动战略放在全局中优先谋划、优先落实。充分发挥自治区创新驱动战略领导小组作用，建立创新发展考核体系，将创新驱动工作列入效能考核目标，逐年提高考核比重，将政绩评价和干部使用与创新绩效挂钩。领导小组下设两个办公室，自治区发展改革委主要负责统筹协调，自治区科技厅主要负责科技创新。自治区发展改革委、科技厅、财政厅要会同有关部门做好对实施意见执行情况的监督检查和评估工作，对实施中存在的问题、评估结果和总体情况每年向自治区党委、政府报告。（责任单位：各市县区，自治区创新驱动战略领导小组各成员单位、考核办、党委督查室、政府督查室）

本实施意见执行期限至2022年底。各有关部门（单位）和市县区要制定相关配套措施，确保政策落地见效。现有政策中与本意见不一致的，按本意见执行。